现代物流管理专业系列教材

第三方物流

主　编　徐　婧
副主编　邢耀华　白亚青
　　　　王　丽　郭晓娟

西北工业大学出版社
西安

【内容简介】 本书包括第三方物流概述、第三方物流服务、第三方物流服务方案、第三方物流企业运营、第三方物流企业绩效评价、第三方物流企业信息业务管理、第三方物流企业发展战略七个项目。

本书既可以作为普通高校物流管理专业的教材,也可以作为职业培训参考用书。

图书在版编目(CIP)数据

第三方物流 / 徐婧主编. — 西安:西北工业大学出版社,2021.12
现代物流管理专业系列教材
ISBN 978-7-5612-8073-7

Ⅰ. ①第… Ⅱ. ①徐… Ⅲ. ①第三方物流-高等职业教育-教材 Ⅳ. ①F253

中国版本图书馆 CIP 数据核字(2021)第 258636 号

DISANFANG WULIU

第 三 方 物 流
徐婧 主编

责任编辑:陈 瑶		策划编辑:孙显章	
责任校对:李文乾		装帧设计:李 飞	

出版发行:西北工业大学出版社
通信地址:西安市友谊西路 127 号　　邮编:710072
电　　话:(029)88491757,88493844
网　　址:www.nwpup.com
印 刷 者:陕西向阳印务有限公司
开　　本:787 mm×1 092 mm　　1/16
印　　张:8.375
字　　数:220 千字
版　　次:2021 年 12 月第 1 版　　2021 年 12 月第 1 次印刷
书　　号:ISBN 978-7-5612-8073-7
定　　价:52.00 元

如有印装问题请与出版社联系调换

前 言

随着经济全球化和网络信息技术的发展,现代物流已成为国家经济发展的重要增长点,我国物流需求也出现了持续高速增长的局面。我国物流业向第一、第二、第三产业全面延伸,其先导作用凸显。现代物流业已成为衡量一个国家或地区综合实力的重要标志之一。

现代物流业是运用先进的组织方法和管理技术对产品从生产地到消费地的整个供应进行高效计划、管理、配送的新型服务业。作为专业化的第三方物流,因其在降低物流成本、提高客户服务水平方面起到了第一方、第二方物流无法或难以起到的作用,随着物流业的发展走上了社会舞台,成为物流服务社会化和专业化的先进形式。

编写本书的目的在于培养适应社会主义现代化建设需要,掌握现代物流管理理论和方法,具备从事物流系统开发、物流企业经营与管理、物流技术应用的能力,成为物流管理、科研、教育工作的技术应用型人才。

本书内容紧贴物流学科的发展趋势,反映现代物流的最新概念、技术与进展。各项目前有知识目标和技能目标,项目后附有项目小结、同步测试等,以帮助学生掌握相关内容,方便学生阅读。在内容安排上,本书充分考虑了教学特点,把第三方物流的基础理论与第三方物流业务实际操作紧密结合;在结构安排上,尽量精简理论知识,注重实例介绍与案例分析,简明实用。

本书共分为七个项目,主要内容包括第三方物流概述、第三方物流服务、第三方物流服务方案、第三方物流企业运营、第三方物流企业绩效评价、第三方物流企业信息业务管理、第三方物流企业发展战略。

本书由徐婧任主编,邢耀华、白亚青、王丽、郭晓娟任副主编。具体编写分工如下:邢耀华编写项目一、项目二,徐婧编写项目三、项目五,白亚青编写项目四,王丽编写项目六,郭晓娟编写项目七。

在编写本书的过程中,笔者参考、借鉴了国内外相关学术论文和著作,特此向有关作者表示感谢!

由于水平有限,书中不免有不足之处,敬请广大读者批评指正。

编 者

2021 年 9 月

目　　录

项目一　第三方物流概述 ·· 1

　　任务一　第三方物流的产生和发展 ··· 2
　　任务二　第三方物流的概念与特征 ··· 7
　　任务三　第三方物流企业概述 ·· 10

项目二　第三方物流服务 ·· 14

　　任务一　第三方物流服务的内容 ··· 15
　　任务二　客户物流需求分析 ··· 20
　　任务三　第三方物流企业客户服务与客户关系管理 ··· 23

项目三　第三方物流服务方案 ··· 29

　　任务一　第三方物流运输方案 ·· 29
　　任务二　第三方物流仓储方案 ·· 38
　　任务三　第三方物流配送方案 ·· 43

项目四　第三方物流企业运营 ··· 51

　　任务一　第三方物流企业的组织结构设计 ··· 52
　　任务二　第三方物流企业运作模式 ·· 57
　　任务三　第三方物流企业业务流程 ·· 65
　　任务四　第三方物流企业物流服务营销策略 ·· 71

项目五　第三方物流企业绩效评价 ·· 77

　　任务一　第三方物流企业绩效评价概述 ·· 77
　　任务二　第三方物流企业绩效评价指标体系 ·· 80
　　任务三　第三方物流企业绩效评价方法 ·· 86

项目六　第三方物流企业信息业务管理 ··· 93

　　任务一　第三方物流企业信息管理概述 ·· 93
　　任务二　第三方物流企业信息系统 ·· 100

项目七　第三方物流企业发展战略 …………………………………………………… 110

　　任务一　第三方物流企业市场环境分析与发展思路 ……………………………… 111
　　任务二　第三方物流企业的经营策略 ……………………………………………… 115
　　任务三　第三方物流企业的整合策略 ……………………………………………… 119
　　任务四　第三方物流相关企业的风险及其规避 …………………………………… 123

项目一　第三方物流概述

【知识目标】

理解第三方物流的产生背景及原因。
掌握第三方物流的定义及特征。
掌握第三方物流企业的定义、来源与类型。
了解第三方物流的发展现状及趋势。

【技能目标】

能够运用所学知识分析第三方物流的成因。
能够对第三方物流企业进行分类。

【案例导入】

冠生园的"第四利润源"

冠生园集团是拥有"冠生园""大白兔"两大商标的老字号食品集团。集团生产的食品总计2 000多个品种,其中糖果销售近4亿元。市场需求增大了,但运输配送跟不上。由于长期计划经济体制造成运输配送效率低下,出现淡季运力空放、旺季忙不过来的现象,加上车辆的维修更新,每年维持车队运行的成本费用要上百万元。为此集团专门召开会议,研究如何改革运输体制,降低企业成本。

冠生园集团作为在上海市拥有3 000多家网点并经营市外运输的大型生产企业,物流管理工作是十分重要的一项工作。他们通过使用第三方物流,克服了自己搞运输配送带来的弊端,加快了产品流通速度,增加了企业的效益,使冠生园集团产品更多更快地进入千家万户。

2002年初,冠生园集团下属合资企业达能饼干公司率先探索,将公司产品配送运输全部交给第三方物流。物流外包试下来,不仅能保证配送准时准点,而且费用要比自己搞节省许多。达能公司把节约下来的资金投入开发新品与改进包装,使企业又上了一个新台阶。为此,集团销售部门专门组织各企业到达能公司去学习,决定在集团系统推广他们的做法。经过选择比较,集团委托上海虹鑫物流有限公司作为第三方物流机构。

虹鑫物流与冠生园签约后,通过集约化配送,极大地提高了效率。每天一早,他们在电脑上输入冠生园相关的配送数据,制订出货最佳搭配装车作业图,安排准时、合理的车流路线,绝不让车辆走回头路。货物不管多少,就是两三箱也送。此外按照签约要求,遇到货物损坏,按规定赔偿。

据统计,冠生园集团自委托第三方物流以来,产品的流通速度加快,原来铁路运输发往北京的货需7天,现在虹鑫物流运输只需2~3天,而且实行的是门对门的配送服务。第三方物流配送及时周到、保质保量，商品的流通速度加快，集团的销售额有了较大增长。此外，更重要的是能使企业从非生产性的后道工序，如包装、运输中解脱出来，集中精力抓生产，更好地开发新品、提高质量。

第三方物流机构能为企业节约物流成本，提高物流效率，这已被越来越多的企业，尤其是中小企业所认识。据美国波士顿东北大学供应链管理系统数据显示，财富500强中的企业有六成半都使用了第三方物流服务。在欧洲，很多仓储和运输业务也都是由第三方物流来完成的。

按照供应链的理论来说，当今企业之间的竞争实际上是供应链之间的竞争，企业之间的产品，谁的成本低、流通速度快，谁就能更快赢得市场。因此，物流外包，充分利用外部资源，成为当今增强企业核心竞争力的一个有效的举措。

思考：冠生园是如何从非生产性的后道工序中解脱出来的？

任务一　第三方物流的产生和发展

一、第三方物流产生的背景

走进第三方物流

在经济全球化的背景下，企业建立竞争优势的关键，已由最初节约原材料的"第一利润源"和提高劳动生产率的"第二利润源"，转向建立高效的物流系统的"第三利润源"。然而面对日趋激烈的竞争，企业既搞生产经营又搞物流，已渐渐力不从心。于是，企业不得不考虑将主要精力放在核心业务上，而将运输、仓储等物流部分或全部交由更专业的物流企业进行操作，以确保企业竞争优势。由此，第三方物流便出现且迅速发展起来。它的产生有着一定的理论基础和成熟的现实条件。

（一）第三方物流产生的理论依据

第三方物流是供应链管理、虚拟经营等创新管理模式从生产领域延伸到流通领域而形成一体化概念后出现的，供应链管理、虚拟经营是第三方物流得以产生的重要理论基础。

1. 供应链管理

第三方物流得以产生并发展的一个重要原因是供应链管理。早在1992年，英国供应链管理专家马丁克·里斯托夫就指出：21世纪的竞争不再是企业与企业之间的竞争，而是供应链与供应链之间的竞争。在供应链管理环境下，为了提高竞争力，企业将资源集中于自身核心业务，而利用其他企业的资源来弥补自身的不足。为了适应社会发展的需要，作为物流供应链组织者的第三方物流企业应运而生并得以发展。

2. 虚拟经营

第三方物流得以产生并发展的另一个重要原因是虚拟经营。早在1991年，美国著名学者罗杰·内格尔首先提出虚拟经营。它是一种新型的企业管理模式，突破了传统组织上的有形界限。企业并不完整执行设计、生产、销售、财务等功能。也就是说，企业在资源有限的情况下，通过保留企业当中最关键的功能，将其他功能外包给其他企业以弥补功能缺陷，从而在竞争中获得最大优势。

(二)第三方物流产生的现实条件

1. 全球经济一体化进程的迅速发展

随着全球经济一体化进程的迅速发展,第三方物流的发展空间更加广阔。越来越多的企业低成本生产产品以满足全球经济的增长需求,其最终结果就是形成了一个全球范围的联合工业生产地区。同时,各地的消费习惯正变得越来越相似,"全球产品"的数量将不断增长。由此,全球将出现多个经济中心,国际运输量将大幅增长,随之而来的将是世界经济的加速增长和运输流向的转变。

2. 以电子商务为代表的新经济的迅猛发展

随着以电子商务为代表的新经济的迅猛发展,越来越多的第三世界国家成为新兴工业国,并已经参与到世界经济与贸易中。这些新兴国家不仅代表了新兴市场,它们的出现也意味着理想生产基地的出现。几乎没有一个企业愿意依据自身的力量,独立完成物流活动,即使有条件,也将是不经济的。因此,越来越多的企业倾向于将内部物流作业外包。这无疑就给了第三方物流企业一个广阔的发展空间,越来越多的传统物资流通企业转型成为第三方物流供应商,促进了第三方物流业的发展。

二、第三方物流产生的原因

伴随着经济的增长、全球一体化进程的加快,第三方物流成为现代经济不可或缺的重要组成部分。从20世纪第三方物流的诞生到如今第三方物流的日趋成熟,物流业发展给全球经济带来了巨大的影响。

(一)第三方物流产生是社会分工的结果

在外包(Out-souring)等管理理念的影响下,各企业为增强市场竞争力,将企业的人力、物力、财力投入其核心业务,寻求社会分工协作带来的效率和效益的最大化。社会分工的结果导致许多非核心业务从企业生产经营活动中分离出来,其中就包括物流业。将物流业务委托给第三方物流公司负责,可降低物流成本,完善物流活动的服务功能。

(二)改善物流与提高竞争力相结合意识的萌芽

物流研究与物流实践经历了成本导向、利润导向、竞争力导向等几个阶段。将改善物流与提高竞争力的目标相结合是物流理论与技术成熟的标志。这是第三方物流概念出现的逻辑基础。

(三)物流领域的竞争激化导致综合物流业务的发展

随着经济市场化和贸易全球化的发展,物流领域的政策不断放宽,同时也导致物流企业自身竞争的激化。物流企业不断拓展服务的内涵和外延,从而导致第三方物流的出现。这是第三方物流概念出现的历史基础。

(四)第三方物流的产生是新型管理理念的要求

进入20世纪90年代后,信息技术特别是计算机技术的高速发展与社会分工的进一步细化,推动着管理技术和思想的迅速更新,由此产生了供应链管理、虚拟经营等一系列强调外部协调和合作的新型管理理念。这些既增加了物流活动的复杂性,又对物流活动提出了零库存、准时制、快速反应的要求。一般企业很难承担此类业务,由此产生了专业化物流服务的需求。第三方物流正是为满足这种需求而产生的。它的出现一方面迎合了个性需求时代企业间专业合作不断变化的要求,另一方面实现了进出物流的整合,提高了物流服务质量,加强了对供应链的全面控制和协调,促进供应链达到整体最佳。

三、第三方物流的发展现状及趋势

(一)国外第三方物流的发展现状

1. 美国第三方物流的发展现状

美国是全球第三方物流产业最为发达的国家之一,现代意义上的第三方物流早在20世纪80年代就在美国兴起了,美国物流业在增值服务拓展、物流设备、运输网络、物流技术应用等方面都处于全球领先水平。

(1)增值服务不断拓展。全球同质化竞争日益加剧,美国第三方物流企业不断拓展服务领域,由最初的提供仓储、配送服务,拓展到电子跟踪、多式联运、报关等服务,有效提升了国内第三方物流收入的增长水平。这对提升第三方物流市场成熟度、提高运营管理水平等起着重要的作用。

(2)物流设备先进。美国第三方物流企业通过引入先进装卸和运输设备,使物流成本得到有效降低。企业通过使用先进的物流装卸设备,减少货物因转运环节而造成的损耗;通过配备先进的运输设备,减少了货物损耗率;通过利用物联网对仓储、管理等资源进行优化配置,做到物尽其用。

(3)注重运输网络的科学规划。美国是交通网络最发达的国家之一,构建了庞大的铁路、公路、航空、管道等运输网络,形成具有立体空间的运输网络,为第三方物流的发展奠定了基础。依托于发达的运输网络,加之第三方物流非常重视对运输网络的科学规划,美国第三方物流实现了低成本、高效率的运营模式。

(4)物流信息技术的广泛应用。进入21世纪以来,美国第三方物流企业迅速发展,市场份额呈现出节节攀升的趋势(见图1.1)。这得益于美国第三方物流信息技术的广泛应用。美国通过利用信息平台技术,发布行业动态、市场动态,促进行业间信息共享;通过利用互联网技术,对物流资源进行整合,对运输进行优化安排。

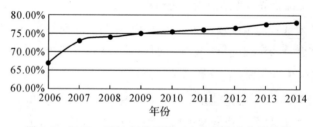

图1.1 2006—2014年美国第三方物流企业市场份额

2. 日本第三方物流的发展现状

20世纪90年代,日本正处在经济泡沫的大背景下,市场不景气,许多企业为了降低成本,纷纷将物流业务外包出去,促使第三方物流得到迅速发展。总体来说,日本第三方物流的发展现状可以归纳为以下四点:

(1)政府的大力扶持。日本大型物流基地和物流设施的大量建设,政府的作用不可忽视。日本政府的扶持主要体现在三个方面:首先是规划优先,日本政府在大中城市的郊区、港口、主要公路枢纽区域规划建设物流配送中心；其次是加大资金投入，在科学规划的基础上，日本政府对铁路、公路、港口、机场、中心基地等主要的物流设施基础提供了强大的资金支持；最后是出台相关政策，如在完善道路设施、改善城市内河运输条件、缓解城市道路阻塞状况、发展货物联运等方面，日本政府出台了放松政府管制、建立政府部门协调促进机构、提供政府援助等政策。

（2）完善的基础设施。全面完善物流基础设施建设，使日本物流发展具有坚实的依托和优越的发展条件。日本政府建设和完善的物流基础设施包括：①满足客户各种需求的基础设施；②建设和完善国际中心港湾、中心机场，比如建设高规格的干线公路、地区性高规格公路、港湾和机场的铁路，增强海上集装箱集散地、多功能国际集散地、国内贸易集散地，等等。

（3）先进的现代物流技术。现代技术装备是日本物流企业占据制高点的关键所在，主要包括：①物流系统的信息化，如日本的进出口、港口手续使用电子数据交换技术来实现无纸化、一条龙服务；②物流系统的标准化，如集装箱、托盘的日本工业标准国际化整合，全程托盘化运输的推进；③其他技术的开发及商业惯例的改善等，如日本的货运车辆安装全球定位系统进行调度，日本的仓库和配送中心使用射频识别系统对存储的物品进行管理。

（4）健全的政府物流管理制度。日本政府高度重视物流，政府不干涉企业具体的物流业务，但注重在宏观上为物流的发展创造有利的环境，引导物流发展。日本的通产省、运输省负责制定物流政策和法令，政府统一规划大型物流中心，制定方案，积极扶持。例如，在填海造地的平和岛上，由政府规划，私人募集，建设了规模巨大的仓库基地和物流中心。经过多年的努力，日本政府和物流主管部门、货主企业、交通运输部门共同建立了一套健全的物流管理制度。

3. 欧洲第三方物流的发展现状

第三方物流在欧洲正式启动是在20世纪80年代末至20世纪90年代初，欧洲经济一体化之前。第三方物流在欧洲物流市场中占有重要的地位。

欧洲的物流市场差异很大，在法国、荷兰和德国，第三方物流商必须提供复杂的外包服务，重点在于技术和供应链的融合；在地中海等基础设施不完善的国家，服务重点是运输和仓储；而东欧国家的运输和电信设施比较落后，客户需要的物流服务是基本的运输服务。这些差异给第三方物流商带来了独特的挑战，欧洲第三方物流的发展现状主要呈现以下特点：

（1）采用兼收与并购方式，促进第三方物流的快速发展。欧洲通过兼收、并购方式实现了物流企业的快速发展。2004年6月，美国物流巨头TNT PLG斥资5.49亿美元收购了Tibbett&Britten；与此同时，荷兰TNT快递公司以3.08亿美元并购了瑞典的Wilson物流集团。2016年5月，荷兰TNT快递公司已被美国联邦快递（FedEx）以44亿欧元（约49亿美元）收购。

（2）通过物流战略联盟，促进第三方物流的快速发展。欧洲通过纵向物流联盟和横向物流联盟，不断促进第三方物流的发展。一方面，欧洲第三方物流企业通过提高自己的服务、库存管理和订单处理水平来规划和监督货运流量在物流网络节点的进出，如欧洲部分生产地点和物流外包强调本地化，一些物流企业不断加强重组改造。另一方面，伴随着经济全球化，欧洲一些有实力的第三方物流企业，通过横向联盟在国际上迅速渗透。如果第三方物流企业在海外市场上独自投资，不但需要巨大的投入，而且由于缺乏对东道国社会、文化、政治、法律和经济环境等方面的了解，会面临着难以预料的风险。横向联盟则能降低成本和风险，并扩大服务范围。

(二)我国第三方物流的发展现状

20世纪90年代中期,第三方物流的概念在我国开始兴起。2006年以来,我国电子商务等异地交易模式迅速发展,第三方物流市场的需求迅速扩大。到2015年,国家提出"互联网+"计划,其中的促进和配套政策就强调发展第三方物流。在中央和地方的物流产业发展规划中,都特别强调第三方物流产业到目前为止的发展。我国第三方物流具备如下发展特征:

(1)总体规模偏小,发展潜力巨大。第三方物流在中国已经有大约几十年的探讨和发展过程,在全球经济一体化影响下,中国成为第三方物流发展最迅速的国家之一。电子商务的迅速发展,以及"互联网+"战略的全面启动,促使第三方物流发展的市场需求进一步增强。

(2)需求的不平衡性较强。不同企业间的物流理念以及物流需求层次差异性很大,先进的与传统的物流模式并存。一方面,中国日趋成为全球制造业的中心,进入中国的先进制造业和分销业产生高端的物流需求,第三方物流需求主要集中在外资领域。另一方面,我国物流社会化、专业化程度依然较低,国内企业与外资企业物流形式、形态存在明显的差异。

(3)我国第三方物流的市场潜力巨大。随着我国经济的快速发展,各种外资企业的进入,第三方物流的需求越来越大。我国第三方物流保持快速增长的态势,年均增速在20%左右,2010年我国第三方物流企业物流业务收入达到5390亿元,截至2014年底,我国第三方物流企业物流业务收入突破9000亿元,达到9380亿元。2011—2014年我国第三方物流行业销售收入如图1.2所示。可见,我国第三方物流市场的潜力很大。

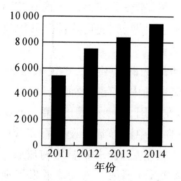

图1.2 2011—2014年我国第三方物流行业销售收入(单位:亿元)

(三)第三方物流的发展趋势

(1)第三方物流的外包趋势。尽管第三方物流企业的物流服务向着综合化方向发展,但对自己不十分精通的领域,第三方物流企业也会采取"外包"。第三方物流企业越来越重视集中自己的主要资源用于主业,而把辅助性功能外包给其他企业。

(2)第三方物流的综合化趋势。第三方物流企业的服务将更加注重客户物流体系的整体运作效率和效益,客户供应链的管理与不断优化将成为其核心服务内容。综合物流业务的开展将实现海陆空等各种运输方式的一体化和各种物流功能的一体化,是第三方物流的重要发展方向。

(3)第三方物流的全球化趋势。作为世界第三方物流服务需求的主体,跨国公司经营活动全球化使区域内物流服务难以满足其全球范围内物流一体化运作的需求,必然要求第三方物流服务提供商具备与之相适应的全球网络而提供跨国界的、全球化的物流服务。

(4)第三方物流的并购趋势。并购最先发生在欧洲共同体成员国之间,第三方物流企业在货代、快递、陆路运输等诸多领域开始了积极的并购活动。全球一些大型第三方物流企业跨国境展开连横合纵式的并购,大力拓展国际物流市场,以争取更大的市场份额。

(5)第三方物流的战略联盟趋势。与相关第三方物流企业间的战略联盟,可以使第三方物流企业在未进行大规模资本投资的情况下,利用伙伴企业的物流服务资源,增加物流服务品种,扩大物流服务的地理覆盖面,为客户提供"一站式"服务,提升市场份额和竞争能力,从联合营销和销售活动中获益。

(6)第三方物流的绿色发展趋势。目前,世界各国正积极开展环保物流的专项技术研究和出台相应的绿色物流政策和法规,第三方物流企业也纷纷注重绿色物流的开展,倡导采用替代燃料及排污量小的货车车型、近距离配送、夜间运货等方式,努力建立绿色物流体系。

任务二　第三方物流的概念与特征

一、第三方物流的概念

(一)各国官方关于第三方物流的定义

"第三方"一词源自管理学中的"外包"概念。外包是指企业动态地配置自身和企业的功能和业务,并利用企业外部的资源为企业内部的生产和经营服务。将外包引入物流管理领域,就产生了第三方物流的概念。

什么是第三方物流

第三方物流中物流服务提供者扮演着发货人(甲方)和收货人(乙方)之间的第三方角色。由于企业越来越重视自己的核心资源和业务,而将其他资源和业务尽量外包,以避免核心竞争力不突出,外包便成为目前工商业的一个重点。

"第三方物流"(Third Party Logistics)一词于20世纪80年代中期,由欧美国家提出。1988年美国物流管理委员会的一项客户服务调查,首次提出"第三方服务提供者"的说法。1989年发表的后续研究成果,对客户服务活动进行了新的探讨,这一说法得到了重视和普遍应用。第三方物流因其在专业技术和综合管理方面的显著优势也得到了迅速发展。但是国际上关于第三方物流的概念,并没有标准的定义,以下是关于第三方物流的不同观点。

(1)美国物流管理学会于2002年10月1日公布的《物流术语词条2002升级版》中对第三方物流的解释是:将企业的全部或部分物流运作业务外包给专业公司管理运营,而这些能为顾客提供多元化物流服务的专业公司称为第三方物流提供商。

(2)在日本,第三方物流是指专业物流企业为客户提供的包括物流系统设计规划、解决方案以及具体物流业务等在内的全部物流服务。

(3)中国国家标准《物流术语》(GB/T 18354—2021)对第三方物流的定义是:由独立于物流服务供需双方之外且以物流服务为主营业务的组织提供物流服务的模式。

从以上定义可以看出,虽然各国对第三方物流概念的表述有所不同,但都包含三层含义:①第三方物流独立于物流服务需求方,属于企业外部资源,即"外包";②第三方物流所提供的服务趋于多样化、专业化和复杂化;③能够提供第三方物流服务的企业是专业化、现代化的物流公司。

(二)学术界关于第三方物流的定义

学术界普遍认为,第三方物流的概念有广义和狭义之分。

广义的第三方物流可以理解为,货物买卖双方之外的第三方提供的物流服务就是第三方物流。这种理解是相对于自营物流而言的。自营物流主要包括卖方承担的第一方物流和买方负责的第二方物流,其他所有来自外部的物流服务均包括在第三方物流概念的范畴之内。由此产生的问题是,广义的第三方物流涵盖的范围过宽,没能将传统的运输、仓储业务与现代物流服务区分开来。

狭义的第三方物流可以理解为,受物流需求方的委托,为其提供现代化的、系统的物流服务的第三方的物流活动。在狭义的第三方物流的范畴内:第一方是指物流服务的需求方,包括货物买卖双方;第二方是指运输、仓储、流通加工等基础物流服务的供应方;第三方则是指通过整合第二方的资源和能力为第一方提供专业化、系统化的物流服务的现代物流企业。狭义的第三方物流更加强调物流服务的专业化、一体化和现代化,第三方物流企业更多扮演的是物流资源的整合者以及物流业务管理者的角色。

从以上概念可以看出,狭义的第三方物流更契合现代物流的概念,与国际上对第三方物流的理解更为统一。因此,在理解第三方物流的概念时,应更多地从狭义的角度出发,并注重把握以下几点:

(1)第三方物流是提供现代化、系统化的物流活动。

(2)第三方物流是可以向货主提供包括供应链物流在内的全程物流服务和定制化服务的物流活动。

(3)第三方物流不是货主与物流服务提供商偶然的、一次性的物流活动,而是采取委托以承包形式的具有长期契约关系的综合物流活动。

(4)第三方物流不是向货主提供一般性的物流服务,而是提供增值物流服务的现代化物流活动。

第三方物流这一术语,因人、因地的不同,其含义也有所区别。一般而言,第三方物流不是按照自营物流与否来区分的,尤其在我国,小生产式的物流服务活动还相当多,并且不能在很短时间内解决这个问题,如果把这些企业都包括在第三方物流企业中,必然会混淆人们对第三方物流的认识,而是应当从狭义的角度去理解,把它看成是一种高水平、专业化、现代化的物流服务形式。

(三)第三方物流与第一方物流、第二方物流的关系

1. 第一方物流

第一方物流(First Party Logistics)是指由物资提供者自己承担向物资需求者送货,以实现物资的空间转移的过程。传统上,多数制造企业都配备了规模较大的运输工具(如车辆、船等)和储存自己产品所需的仓库等物流设施,来实现产品的空间位移。特别是在产品输送量较大的情况下,企业都比较愿意自己来承担物流的任务。但是,随着市场竞争的日趋激烈,企业越来越注重在物流过程中追求"第三利润",由此企业感到,由制造商自己提供物流服务确实存在一系列问题。

2. 第二方物流

第二方物流(Second Party Logistics)是指由物资的需求者自己解决所需物资的物流问

题,以实现物资的空间位移。传统上的一些较大规模的商业部门都备有自己的运输工具和储存商品的仓库,以解决从供应站到商场的物流问题。

第三方物流与第一方物流、第二方物流的关系如图1.3所示。

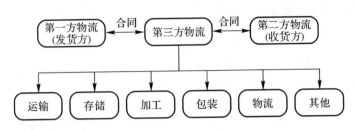

图1.3　第三方物流与第一方物流、第二方物流的关系

二、第三方物流的基本特征

第三方物流区别于传统的物流活动,具体表现在以下几方面。

1. 物流业务的核心化

物流业务的核心化是指企业将非核心的物流业务外包给能提供更加专业服务的物流企业来进行物流活动,企业则专心从事自身的核心业务。对于第三方物流企业来说,提供自身核心业务的过程就是承担客户企业的非核心业务,客户剥离了非核心业务,自身可以把更多的精力、财力、物力注入核心业务,这个过程实现了双方企业业务的核心化。

2. 物流服务的专业化

第三方物流核心是从事物流服务,而不涉及物流领域以外的业务,在物流服务领域必须具有高度的专业化,超出客户企业自身的物流服务能力,这样客户企业才会把物流业务委托给第三方物流企业。物流服务专业化是第三方物流最基本的特征,离开了物流服务的专业化,第三方物流也就失去了意义。

3. 物流信息技术的现代化

物流信息技术的现代化是指第三方物流企业以信息技术为依托为客户企业提供各项物流服务。信息技术的发展为第三方物流的发展提供了条件基础,同时也实现了各项物流功能的一体化,为提供高效率、高品质的物流服务提供技术支持。

4. 物流业务的规模化

第三方物流专门从事物流服务,在物流领域很容易形成物流业务的规模化,基本物流服务就有可复制性,基本服务推动规模效应的实现,而规模效应的实现直接带来的好处是降低了成本。这样第三方物流企业和客户企业都能享受成本降低带来的好处,最终达到双赢或者共赢。另外,第三方物流企业在基础设施、人力资源等方面的大量投资,也将带来规模效益。

5. 物流服务双方关系契约化

关系契约化是指第三方物流企业与客户企业之间发生业务关系是通过合同来确定的,彼此的业务责任是通过合同来约定的。第三方物流企业依据合同,已经渗透到了客户企业业务中,两者之间已经形成了一种紧密的战略合作伙伴关系。关系契约化有利于双方的战略伙伴关系更加牢靠,使双方优势互补,竞争力提升。

任务三　第三方物流企业概述

一、第三方物流企业的概念

中国国家标准《物流企业分类与评估指标》(GB/T 19680—2013)认为,物流企业是从事物流基本功能范围内的物流业务设计及系统运作,具有与自身业务相适应的信息管理系统,实行独立核算、独立承担民事责任的经济组织。

该标准规定了物流企业的三种类型,即运输型、仓储型和综合型。而综合型物流企业即为第三方物流企业,是指为客户指定物流方案,以合同形式,在一定时期内为客户提供物流一体化采购、运输、仓储、配送等全程服务,并应用信息系统进行管理、控制的企业。

对第三方物流企业定义的理解,值得注意的是,第三方物流供应商既非生产方,又非销售方,而是在从生产到销售的整个物流过程中进行服务的第三方。它一般不拥有商品,而只是为客户提供仓储、配送等物流服务,第三方物流企业可以充分利用资源,有效组织跨地区的业务,提高客户服务水平,与客户建立长期的合作关系,协作解决具体问题,分享利益,共担风险。

二、第三方物流企业的要求

第三方物流企业应符合以下要求:

(1)从事多种物流服务业务,可以为客户提供运输、货运代理、仓储、配送等多种物流服务,具备一定的规模。

(2)根据客户的需求,为客户制定整合物流资源的运作方案,为客户提供契约性的综合物流服务。

(3)按照业务要求,企业自有或租用必要的运输设备、仓储设施及设备。

(4)企业具有一定运营范围的货物集散、分拨网络。

(5)企业配置专门的机构和人员,建立完备的客户服务体系,能及时、有效地提供客户服务。

(6)具备网络化信息服务功能,应用信息系统可对物流服务全过程进行状态查询和监控。

三、第三方物流企业的来源与分类

随着经济的快速发展,物流行业也得到巨大的发展空间,物流市场的潜力也越来越大,利润空间巨大,与物流相关的一些企业也开始涉足物流业。

一般而言,大多数第三方物流企业是从传统的行业转变而来的,以"类物流"业为起点发展起来。以下是第三方物流企业的几个主要来源:

(1)运输企业转变而来。运输企业是最常见的向第三方物流企业转变的企业。运输作为物流服务的一个核心环节,使得运输企业很容易向其他物流环节延伸,这是运输企业向第三方物流企业转变的一个重要优势。另外,运输企业拥有各种物流服务资源和设施,在向第三方物流企业转变时,硬件投入就相对较少,可以充分利用原有资源。

(2)仓储企业转变而来。仓储企业和运输企业一样,是供应链物流活动中的一个重要环节。许多原先只提供仓储服务的企业依托其传统的业务,在增加一定基础资源的基础上延伸原有功能,渗透到其他物流环节中去。

(3)货代企业转变而来。货代企业也是一种提供第三方服务的企业,货代企业在原有业务的基础上对原有的信息服务、货运过程进行协调和调整,进入实物存储和运输环节。

(4)托运管理公司转变而来。一些大的企业一般都有物流部门,随着社会化分工的深入,这类企业把物流部门分化出去,组成专门的物流企业,除了为原有企业提供服务,其更大的业务是面向外部客户。内外结合的经营,不但提高了资源的效用,同时也获得了丰厚的效益。

(5)信息咨询服务公司转变而来。信息咨询公司主要为客户提供各种优化的方案,他们的优势在于对业务的精细与专业,这类公司一部分转向了第三方物流,一部分则转向了更高级别的第四方物流。

四、第三方物流企业的发展趋势

1. 创新服务模式,提升运营能力

结合我国第三方物流行业的趋势来分析,大部分的基础物流服务商,在其原有的业务范围内,将会拓展业务范围,加大业务与更多增值服务相互结合,创造全新的服务模式。同时,物流服务商会对原有的服务模式进一步创新并改革,加大对关键节点的投资和对运营能力的整合,主要包括在现代物流服务中的仓储服务、运营平台、物流信息系统等,从而促进供应链管理水平、运营能力的提高。

2. "供应链+"是大势所趋

为了解决供应链管理领域中运输成本高和运营碎片化等问题,需要企业具备很多能力,包括识辨能力、整合能力、协调能力等,通过提升更多的能力,进一步加快第三方物流的快速发展并解决运输成本高和运营碎片化等问题。

3. 借助移动互联网不断优化掌上配货

移动互联网的发展促进了物流业的变革,使得供应链操作朝着扁平化发展,完成了线上到线下信息的对接。物流信息平台的应用,使运费透明化,便于揽货,也方便线上线下的直接沟通。掌上配货已经成为第三方物流企业的一项增值服务。

4. 第三方物流智能化程度逐渐提高

基于互联网、云计算等技术的发展,大量的数据信息已经进入物流服务业;在物流平台的发展过程中,大量的数据信息同物流联合运用,借助智能分析和处理,第三方物流更加人性化、专业化、服务化。随着"互联网+"的发展,第三方物流业将会逐渐实现智能化运作,全新的物流行业将会逐渐走入人们的生活。

5. 第三方物流个性化发展

制造业、商贸型企业的快速发展也推动物流业更加快速地发展。客户的需求方向、需求数量等存在差异,第三方物流企业也应进行个性化的物流方案设计。针对各个客户的不同需求,第三方物流企业进行了业务上差异化创新,在原有的业务中开拓出新型业务,极大地满足了不同客户的需求,进一步促进了第三方物流企业品牌化及专业化的发展。

【项目小结】

第三方物流是经济发展到一定阶段必然出现的结果,它的产生有着坚实的理论基础和成熟的现实条件。本项目重点介绍了第三方物流和第三方物流企业,分析了第三方物流产生的背景和原因,以及第三方物流的发展现状和趋势。

【技能训练】

"大众包餐"是一家提供全方位包餐服务的公司,于1994年创办,如今已经发展成为小有名气的餐饮服务企业之一。

"大众包餐"的服务分成两类:递送盒饭和套餐服务。盒饭主要由荤菜、素菜、卤菜、大众汤和普通水果组成。可供顾客选择的菜单:荤菜6种、素菜10种、卤菜4种、大众汤3种和普通水果3种,还可以定做饮料佐餐。多年来菜单的变化不大。从年度报表上来看,这项服务的总体需求水平相当稳定,老顾客通常每天会打电话来订购。但由于设施设备的缘故,"大众包餐"要求顾客在上午10点前电话预订,以便确保当天递送到位。

在套餐服务方面,该公司的核心能力是为企事业单位的冷餐会、大型聚会,以及一般家庭的家宴和喜宴提供服务。客户所需的各种菜肴和服务可以事先预约,但由于这项服务的季节性很强,有旺季和淡季之分,又与各种社会节日和法定假日相关,需求量忽高忽低,因此要求顾客提前几周甚至1个月前来预定。

大众包餐公司内的设施布局类似于一个加工车间,主要有五个工作区域:热制食品工作区、冷菜工作区、卤菜准备区、汤类与水果准备区,以及一个配餐工作区。此外,还有三间小冷库供储存冷冻食品,一间大型干货间供储藏不易变质的物料。设施设备的限制以及食品变质的风险制约着大众包餐公司的发展规模。虽然饮料和水果可以外购,但总体上限制了大众包餐公司提供柔性化服务。

包餐行业的竞争是十分激烈的,高质量的食品、可靠的递送、灵活的服务以及低成本的运营等都是这一行求生存谋发展的根本。近来,大众包餐公司已经开始感觉到来自愈来愈挑剔的顾客和新来的专业包餐商的压力。顾客愈来愈需要菜单的多样化、服务的柔性化,以及响应的及时性。

公司老板最近参加现代物流知识培训班,对准时化运作和第三方物流服务的概念印象很深,这些理念正是大众包餐公司要保持其竞争能力所需要的东西。但是他在思考,大众包餐公司能否借助第三方的物流服务?

1. 大众包餐公司的经营活动可否引入第三方物流服务,请说明理由。
2. 如果引入第三方物流服务,你会向大众包餐公司提出什么建议?

【同步测试】

一、选择题(不定项)

1. 第三方物流产生的原因不包括( )。
A. 世界经济一体化 B. 世界政治多极化
C. 国内市场经济发展的需要 D. 国内高速发展的需要

2. 企业利用第三方物流,可使得企业专注于提高( )。
A. 经济效益 B. 核心竞争力
C. 竞争力 D. 信息网络化

3. 第三方物流的特征不包括( )。
A. 业务核心化 B. 功能专业化

C. 服务专业化 D. 信息网络化

4. 我国的第三方物流企业主要源于( )。

A. 运输业 B. 仓储企业

C. 港口码头、火车站、汽车站、航空货运站等 D. 以上都是

5. 第三方物流企业根据其服务内容和服务对象的多少,可以分为( )。

A. 针对少数客户提供低集成度物流服务的第三方物流企业

B. 同时为较多的客户提供低集成度物流服务的第三方物流企业

C. 针对较少的客户提供高集成度物流服务的第三方物流企业

D. 同时为较多的客户提供高集成度物流服务的第三方物流企业

6. 第三方物流的基本类型有( )。

A. 资产型第三方物流 B. 装备型第三方物流

C. 管理型第三方物流 D. 综合型第三方物流

二、简答题

1. 简述第三方物流产生的背景和原因。
2. 第三方物流有哪些基本特性?
3. 简述第三方物流与第一方物流、第二方物流的关系。
4. 如何理解第三方物流企业的定义?

项目二　第三方物流服务

【知识目标】

　　掌握第三方物流服务的内容。
　　理解客户物流需求层次。
　　掌握第三方物流企业客户服务的基本内容及流程。
　　理解第三方物流企业客户关系管理的必要性。

【技能目标】

　　能够运用所学知识分析第三方物流企业的客户需求。
　　能够熟练掌握第三方物流企业客户服务的流程。

【案例导入】

"最后一公里"的差异化物流服务
——日日顺领跑行业新版图

　　我国物流快递产业不断创新盈利模式,不仅得到各路资本的追捧,也在升级换代过程中成为拉动经济增长的新动力。在投资加快的同时,由快递物流支撑的电子商务消费也在快速增长,形成物流投资与电商消费互相促进的良性循环。

　　整体而言,中国的物流发展相对滞后。大多数电商平台宣称的"全国送达",事实多泛指城市区域,在这一点上第三方物流企业则比电商自建物流体系更为专业。

　　生活在中国北极村的经营家庭旅馆的张先生订购了两台洗衣机。北极村在中国最北面,相比一二线城市便捷的购物服务还是有很大差距。而日日顺的物流服务人员如约而至,麻利地安装好洗衣机后,又帮张先生把电视机和线路检查了一遍。张先生表示,对于在中国最北端的北极村而言,日日顺能够做到送货上门而且是按约送达的,在他看来是个奇迹。

　　2013年5月,同为第三方物流的菜鸟网横空出世,并迅速赢得各企业及用户的关注。菜鸟网的目标是提升中国社会化物流服务品质,打造中国未来商业基础设施,让全中国任何一个地区做到24小时内送货必达。菜鸟网所规划的,正是日日顺所践行的。即使是三四线市场甚至偏远山村,空间也不应该成为阻碍。针对网购大件家电家居普遍存在的地域瓶颈,日日顺通过四网融合的优势直配到终端、覆盖全国无盲区并同步提供按约送达、上门入户、送装一体的服务,让用户真正实现购物无忧。2012年"双十一"海尔天猫商城统计:在巨大的订单压力下,日日顺物流却有条不紊,第一个订单从客户支付尾款到送达只用了15分钟,顺利通过了双十一物流大考,用实际行动践行"菜鸟网"愿景。

在由用户体验引领的时代,日日顺利用自身四网融合的优势,用差异化的物流服务给用户带来截然不同的体验。用户通过日日顺物流收到大件产品,享受日日顺提供的差异化服务,体验日日顺所带来的"最后一公里"美好体验过程。

(资料来源:http://www.chinawuliu.com.cn/xsyj/201307/09/238601.shtml)

讨论:日日顺是如何引领行业新版图的?

任务一　第三方物流服务的内容

一、物流活动的内容

(一)物流中的关键性活动

(1)客户服务。该活动将配合企业的市场表现情况确定客户需求、客户对服务的反应,以及客户服务水平等内容。

(2)运输。运输包括运输方式和服务的选择、拼货、运输路径的优化、运输车辆的调度与协调、设备选择、索赔处理、运费审计等。

(3)库存管理。库存管理包括原材料及成品的库存政策、短期销售预测、存货点的货物组合、存货点的数量、存货点的规模和位置、准时制、推动和拉动策略。

(4)信息系统和订单处理。信息系统和订单处理包括销售订单和库存交互过程、订单信息传递方法、订购规则等。

(二)物流中的支持性活动

(1)仓储。仓储包括库位确定、站台的布置和设计、仓库装备、货物放置等。

(2)原料搬运及处理。原料搬运及处理包括设备选择、设备更新、订单拣货、货物储存及补货。

(3)采购。采购包括供应商选择、采购时间选择、采购量选择。

(4)包装。包装包括搬移保护包装、存储保护包装、防湿包装等。

(5)生产和运作协同。生产和运作协同包括确定生产批量、产品生产的次序和时间安排等。

第三方物流服务管理

(6)信息维护。信息维护包括信息收集、储存和维护,数据分析,流程控制,等等。

二、常见的第三方物流服务

从一般物流企业习惯视角,常见的物流服务可分为运输(配送)服务、仓储服务、增值服务、信息服务、物流系统的总体策划和逆向物流服务六大类。

(一)运输服务

1. 运输网络设计和规划

从物流服务的技术含量看,首推运输网络服务的设计。对于业务覆盖全球的跨国公司而言,其采购、生产、销售和售后服务网络非常复杂,要设计一个高效并在某种程度上协同运作的运输网络是非常困难的。在技术比较领先的第三方物流企业中,一般都有专门的专家队伍,通过计算机模型完成运输网络的设计工作,在更为复杂的运输网络设计中,还要考虑工厂和配送仓库等的选址问题,复杂性会进一步增加。

我国的一些第三方物流企业,自身不具备运输网络设计能力,即使有这方面的业务,一般也是通过经验来完成的,很少通过计算机模型来设计。第三方物流企业依靠自身的力量来提升网络规划能力是比较难的,最好同一些高校或物流研究机构合作共同开发一些适合中国特色的运输模型。

2. 一站式运输服务

一站式运输服务是物流企业对多个运输环节的整合,为客户提供门到门的服务。在国外非常流行的多式联运业务,就是这类服务。在世界范围内,出现了海运公司上岸的热潮,这些海运公司可以提供国际海运、进出口代理、陆上配送业务,将原来的港到港的服务,延伸为门到门服务。目前,像马士基物流、中远物流、中海物流等都有类似业务。一站式运输服务涉及很多个环节,中间采用多种运输方式。

3. 运输能力外包

在此类服务中,客户在运输需求上,不是完全的外包,而是利用第三方物流企业的运输能力,由第三方物流企业为客户寻求车辆和人员,客户自己对寻求过程进行组织、控制和管理。

4. 帮助客户管理运输力量

这是一类比较新型的物流业务,客户自身拥有运输力量,如运输工具和运输人员,在运输业务外包时,将这些运输能力转给物流企业,由物流企业负责运输工具的使用和维护,并负责寻求人员的工作调配。

这类服务在国外比较常见,很多企业一般都拥有自己的运输部门,在采用第三方物流企业管理之后,原来的运输部门一般就没有必要设置,将这一部分能力交给第三方物流企业管理。在我国,很多物流企业的物流业务大而全,小而全,很多制造企业都拥有自己的运输管理客户的运输部门,这些部门往往成为物流企业进一步发展的障碍。采用由第三方物流管理客户企业运输工具和人员的做法,尤其值得运用和推广。

5. 动态运输计划

动态运输计划是根据企业的采购、生产和运输情况,合理安排车辆人员,保证运输的高效率和低成本。在一些管理水平较高的物流企业中,动态运输计划一般是由计算机自动完成的,而在多数物流企业中,企业的运输计划仍然由人工调度完成。

6. 配送

严格地讲,配送是仓库作业和运输的综合,是比较复杂的一类运输。我国整个物流网络还不健全,配送有时作为一个独立的第三方物流服务项目单列出来。以上海为例,消费类产品进入上海连锁零售系统一般有两种模式:一种是直接将产品送往各个连锁系统的配送中心,由配送中心完成向各个门店的配送;另一种是将产品送往独立的第三方物流配送中心,由第三方物流配送中心完成向各个超市的配送。

(二)仓储服务

1. 库存管理

库存管理是第三方物流服务不可缺少的重要内容,是第三方物流的一项主要增值服务,也是第三方物流区别于传统仓储的主要服务内容之一。传统物流中的库存管理仅限于入库、出库操作及日常管理活动,对于客户库存水平高低则很少关心,造成客户资源闲置、成本上升,或者发生缺货情况,影响正常的销售活动。例如,仓库在整个物流系统中,除了能够长期储存原材料和产成品,起到"蓄水池"的作用外,在第三方物流管理模式下,还被赋予了包括运输整合、产品及原材料组合等一系列增加附加值的功能。

2. 仓储管理

仓储管理一般包括货物搬运、装卸、存储等活动,是最常见的传统物流服务项目之一。第三方仓储服务的核心目标是提高仓库的运作效率和生产率,充分有效地利用现有仓储空间,并在一定服务水平下为客户降低仓储成本。

3. 订单处理

订单处理是仓储服务中最常见的项目,其主要功能是通过统一订单提供给用户整合的一站式供应链服务,使用户在物流服务中得到全程的满足。即对客户下达的订单进行管理及跟踪,动态掌握订单的进展和完成情况,使仓储管理和运输管理有机地结合,稳定有效地实现物流管理中各个环节,使仓储运输、订单成为一个有机整体,满足物流系统信息化的需求、提高物流过程中的作业效率,节省运作时间和作业成本,提高物流企业的市场竞争力。

4. 代管仓库

代管仓库也是一种比较常见的合作形式,一般发生在客户自己拥有仓库设施的情况下,在寻求物流服务商时,客户将自己仓库的管理权一并交给物流企业管理。

5. 包装和流通加工

包装和流通加工也是仓储服务中的重要增值服务内容之一。随着物流模式以及物流服务产品的不断开发,包装和流通加工的内容也更加丰富,如运输包装、促销包装、配货包装等。

(三)增值服务

1. 延迟处理

延迟处理是一种先进的物流模式。企业在生产过程中,先完成中间产品或标准化产品的生产,等收到客户订单,明确最终用户对产品的功能、外观、数量等具体要求之后再完成生产和包装的最后环节。在很多情况下,企业将最终的制造或包装活动交由第三方物流企业完成,在时间和地点上都与大规模的标准生产相分离,这样生产企业就能以最快的反应速度来满足客户的需求,并且降低或完全消除不适合市场需求的生产及库存活动。

例如,惠普公司生产的打印机行销世界,由于发往销地的打印机的说明书、电源、包装材料等方面都有特殊要求,如果在生产过程中就完成最终发送到客户的包装,往往会出现某些包装的产品缺货,而另一些包装的产品货物积压的情况。为了解决这个问题,惠普公司采用延迟处理模式,将包装环节放到配送中心,即销售部门在收到客户订单后通知物流中心,物流中心根据客户要求选择相应的材料、电源和包装材料,完成最终的包装工作。在我国,第三方物流企业提供的贴签服务或者在包装箱上注明发货区域等业务,都属于延迟处理。

2. 支持准时制生产

准时制(Just in Time,JIT)生产是指在恰当的时间、恰当的地点,以恰当的数量、恰当的质量提供恰当的产品。也就是说,生产、配送制成品直接送到货架甚至消费者手中,零部件、半成品直接送到生产线上。其核心目标是实现零库存或者无库存生产。

JIT生产是一种新的第三方物流服务。在JIT生产中,第三方物流企业提供的服务有及时采购、及时运输及生产线的及时供货等。

3. 零件成套

零件成套就是将不同的零件部件在进入生产线前完成预装配的环节。例如,汽车生产企业一般委托第三方物流企业管理零配件仓库,在零配件上装配线之前,可以在仓库内完成部分零部件的装配。

4. 供应商管理

第三方物流中的"第三",本身就体现了对作为第二方物流的供应商的管理功能。第三方物流提供的供应商管理包括两类:一类是对运输、仓储等提供物流服务的供应商管理;另一类是由第三方物流企业对客户的原材料和零配件供应商进行管理。

供应商管理包括以下内容:①供应商的选择;②供应商的供货;③供应商产品质量的检验;④供应商的费用结算等。

5. 货运付费

货运付费是指第三方物流企业代替客户支付运费,一般称为代垫代付费用。

6. 咨询服务

第三方物流企业提供的咨询服务有物流相关政策调查分析、流程设计、设施选择和设计、运输线路和运输方式的选择、信息系统选择等。

7. 售后服务

售后服务是第三方物流企业的一个新的服务领域,一般包括退货管理、维修、保养、产品和调查等项目。

(四) 信息服务

信息服务是第三方物流非常重要的服务内容。在我国,由于第三方物流的信息化基础比较薄弱,这一类服务的内容还没有得到应有的重视。第三方物流的信息服务一般包括以下内容。

1. 信息平台服务

客户通过第三方物流的信息平台,实现同海关、银行合作伙伴等的连接,完成物流过程的电子化。目前我国有些城市正在推行电子通关服务,将来大量的第三方物流企业都要实现同海关系统的连接,客户可以借助第三方物流企业的信息系统,实现电子通关。

2. 物流业务处理系统

有许多客户使用第三方物流企业的物流业务处理系统,如仓库处理系统和订货处理系统等,完成物流过程的管理。随着物流复杂性的增加和物流业务管理系统的完善,这方面的信息服务还将进一步加强。

例如,国内某些大型的家电生产企业,由于自身的物流信息系统还不完善,全国各地的库存无法实时统计,因而经常造成产品的积压或某些产品断货。为了解决这个问题,一些公司已经开始选择信息服务能力比较强的第三方物流企业为其物流管理提供信息服务,尤其能够对其分布在全国各地的多个仓库的库存进行准确的管理。可以预见,第三方物流企业提供的此类信息服务势必会越来越多地得到客户的认可。

3. 运输过程跟踪

信息跟踪是另一类信息服务。就目前的市场来看,信息跟踪服务主要集中在运输过程的跟踪。而在西方发达国家,通过全球定位系统/地理信息系统等跟踪手段,已经做到了运输过程和订单的实时跟踪。如联邦快递和联合包裹服务公司等快递公司,都为其客户提供全程跟踪服务。

在我国,对运输过程的信息跟踪也有大量的需求,而且国内已经具备了先进的跟踪技术和手段,但真正能够为客户提供实时信息服务的物流企业并不多,原因在于大多数企业还没有达到一定的经济规模,而且一般客户也不愿意为信息服务花费额外费用。不使用现代化的跟踪手段,并不意味着不可以提供运输过程的跟踪服务。目前,我国第三方物流企业普遍采用的是电话跟踪模式,一般选择关键点和例行跟踪相结合的办法。例如,司机在关键节点,如发车、到货、事故等时刻,向跟踪部门发回信息,同时,信息跟踪部门在固定的时间段对车辆进行例行跟踪。跟踪的信息一般定期发送给客户,也有一些物流企业通过企业网站向客户发布跟踪信息。

(五)物流系统的总体策划

目前有一种倾向,就是将物流体系的总体策划内容作为第四方物流的服务范围,形成一个更加专业的独立领域。但在实际运作中,为客户提供物流系统总体策划的服务,仍可看作第三方物流企业一项重要的服务内容。同时,具备这种能力也可作为第三方物流企业主动提升自身专业水平的一种重要手段。

(六)逆向物流服务

美国物流管理协会对逆向物流的定义是,"计划、实施和控制原材料、在制品、成品及其相关信息,高效而又经济地从消费地到起始地的过程,从而达到回收价值和适当处置的目的。"

从上述定义可以看出,所谓逆向物流,就是从客户手中回收用过的、过时的、损坏的或者不满意的产品和包装开始,直至最终处理环节的过程。它是相对于传统的正向物流而言的,是正向物流的补充与扩展。现在越来越被普遍接受的观点是,逆向物流是在整个产品的生命周期中,对产品和物资完整、有效及高效利用过程的协调。逆向物流主要包括图 2.1 所示几个环节。

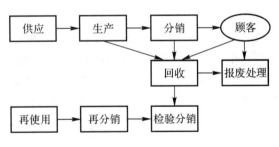

图 2.1 逆向物流示意

一般而言,通过供应链系统,企业完全可以保证产品在正确的时间、正确的地点交付给客户,客户经理所想的问题只是怎样将成本逐步收回。然而,实际情况却是在产品生命周期的某一个阶段,制造商、分销商或零售商可能需要对产品进行再次全部或部分地负责,这就产生了逆向物流的问题。目前,大多数企业对此问题的态度是消极的,但一些知名企业,如通用汽车、IBM、3M 等,已将此问题提至前台。他们通过引进信息化逆向物流管理系统,实施一系列的控制措施,降低由退货造成的资源损失。对逆向物流问题的关注,使这些企业获得了成本下降、客户满意度提高等多方面的经济利益和社会效益。

实际上,第三方物流的服务内容远不止以上六个方面所列举的内容,很多内容都是在合作过程中新开发出来的。从第三方物流的服务内容在具体合作中出现的频率来看,不同的国家有明显的不同。表2.1列出了欧洲等国和美国第三方物流企业一般提供的服务项目。

表2.1 欧洲等国和美国第三方物流企业一般提供的服务项目

服务项目	欧洲/(%)	美国/(%)
仓库管理	74	54
合同配送	56	49
车辆管理	51	30
订单履行	51	24
产品回收	39	3
搬运选择	26	19
信息系统	26	30
运价谈判	13	16
物流加工	10	8
订单处理	10	3
库存管理	8	5
零配件供应	3	3

任务二 客户物流需求分析

客户物流需求是指一定时期内经济活动对生产、流通、消费领域的原材料、成品和半成品、商品及废旧物品、废旧材料等配置作用而产生的对物流在空间、时间和费用方面的要求,涉及运输、库存、包装、装卸搬运、流通加工以及与之相关的信息需求等物流活动的诸多方面。第三方物流之所以在世界范围内受到企业的青睐,根本原因就在于其独特的作用与价值,能够帮助客户获得诸如利润、价格、供应速度、服务、信息的准确性和真实性及新技术的采用等潜在优势。

一、客户物流需求层次分析法

如果将第三方物流服务看作一种产品,这个产品最大的特性就是个性化,几乎没有两个完全相同的物流服务项目。物流服务的个性化,源于物流需求的个性化,因此,开发第三方物流产品,关键是对客户的物流需求进行分析。好的需求分析是物流服务成功的关键因素之一。

几乎每一个成功的物流企业,都有自己独特的客户物流需求分析方法和技术。下面介绍一种典型的客户物流需求方法——层次分析法。在层次分析法中,将物流外包分为三个层次分别予以分析,这三个层次是外包动因、外包层面和外包内容。在层次分析法中,需求分析的层次同定制方案的层次是相对应的,如图2.2所示。

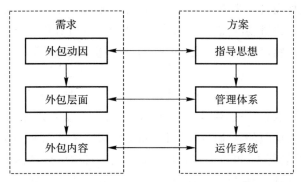

图 2.2 需求分析与物流方案层次的对应关系

二、客户物流外包需求分析

(一)外包动因

了解客户物流业务外包的动因对于定制物流方案、确定物流方案的主题思想非常重要,但这一点往往为第三方物流企业的市场人员所忽略。

客户选择第三方物流企业,一般有以下几个关注点。

1. 关注成本价值

客户希望通过与第三方物流企业的合作降低成本。这类客户大多在市场上已经取得一定市场份额,他们关注的不是大幅度提高服务水平的问题,而是在现有的服务水平基础上,如何降低成本的问题。事实证明,企业单靠自己的力量降低物流费用存在很大的困难。20世纪70—90年代,企业在提高物流效率方面已经取得了很大的进展,但要取得更大的进展还需付出更多努力。要想实现新的改善,企业不得不寻求其他途径,如选择第三方物流。

采用第三方物流能够降低成本,主要表现在以下几个方面:企业将物流业务外包给第三方物流企业,以支付服务费用的形式获得服务,而不需要自己内部维持运输设备,从而可以使得企业的固定成本转化为可变成本。这种影响对那些业务量呈现季节性变化的企业更为明显。由于拥有强大的购买力和货物配载能力,第三方物流企业可以通过其自身广泛的节点网络实施共同配送,或者可以从运输企业、其他物流服务商那里得到更为低廉的运输报价,从运输商那里大批量购买运输能力,然后集中配载不同客户的货物,大幅度地降低单位运输成本。第三方物流企业对物流信息系统方面的投资,可使其享用更好的信息技术。

2. 关注服务能力价值

客户关注的是通过第三方物流企业提高自身的服务水平。对于附加价值较高的产品,或刚进入市场的产品,第三方物流企业的服务能力非常重要。

服务水平的提高会提高客户满意度,增强企业信誉,促进企业的销售,提高利润率,进而提高企业的市场占有率。在市场竞争日益激烈的今天,高水平的客户服务可以成为一个企业的竞争优势,帮助企业提高客户服务水平和质量也就成了第三方物流所追求的根本目标。而物流能力是企业服务的一大内容,有时会制约企业的客户服务水平。例如,生产时的物流问题会使采购的材料不能如期到达,可能会迫使工厂停工,不能如期交付客户订货而承担巨额的违约金,更重要的是导致企业自身信誉受损,销量减少。由此可见,物流服务水平的重要性。第三方物流在帮助企业提高自身客户服务水平上自有其独到之处。利用第三方物流企业的信息网络和节点可加强对在途货物的监控，及时发现、处理配送过程中的意外事故。订货处理、废品回收等也可由第三方物流企业来完成，保证为客户提供稳定、可靠的高水平服务。

3. 关注资金价值

有些企业因资金不足或较重视资金的使用效率，自己不愿意在物流方面投入过多的人力和物力。针对这种需求，第三方物流企业要充分展现自己在物流方面的能力和投资潜力，提供可垫付货款或延长付款期限的物流服务项目。物流需求企业如果利用第三方物流的运输、配送网络，通过其管理控制能力，可以提高客户响应速度，加快存货的流动周转，从而减少内部的安全库存量，降低企业的资金风险，或者把这种风险分散一部分给第三方物流企业。

4. 关注复合价值

客户对第三方物流服务的需求是出于多种因素来考虑的。第三方物流企业需要综合考虑多个因素后，取得一个折中方案。在专业化分工越来越细的时代，企业不可能面面俱到，任何企业都要面临自身资源有限的问题。因此，对于那些并非以物流为核心业务的企业而言，将物流运作外包给第三方物流企业，有助于企业专注于自身的核心业务，提高竞争力。

(1) 随着企业生产经营规模的不断扩大，对物流提出了更高的要求，企业本身已很难满足自身的物流需求，只有寻求专业化的物流服务。

(2) 企业既要把更多的精力投入到生产经营当中，又要注重市场的开拓，资源容易受到限制。许多大型第三方物流企业在国内外都有良好的运输和分销网络，希望拓展国际或其他地区市场，以寻求发展的企业可以借助这些网络进入新的市场。

(3) 现代企业要在激烈的竞争环境中立于不败之地，越来越需要与其他企业建立良好的合作与联盟的关系。作为面向社会众多企业提供物流服务的第三方物流企业，可以站在比单一企业更高的层面上处理物流问题，可以与整个制造企业的供应链完全集成在一起，为其设计、协调和实施供应链策略，通过提供增值信息服务来帮助客户更好地管理其核心业务。而且第三方物流企业的客户可能遍及供应链的上下游，通过第三方物流企业可以将各相关企业的物流活动有机衔接起来，形成一种更为强大的供应链竞争优势，这是中小企业所无法实现的工作。

(二) 外包层面

一个完整的物流体系可以分解为不同的层面，如规划层、管理层和作业层。规划层关注的是长期的对物流的绩效有重要影响的问题，包括整个物流网络的设计、运输方式、仓储策略、包装策略的选择等方面；管理层则侧重于物流过程的组织、计划和协调，包括各作业职能供应商的选择、评估及运输方式选择、运输合同管理、运输谈判、动态运输计划等方面；作业层关注的是具体物流活动的安排、执行，包括搬运装卸、运输、仓储、包装、物流加工、过程跟踪、运输设备管理等方面，大多是由具体的工作人员实施。不同层面的物流管理活动，如表2.2所示。

表2.2 不同层面的物流管理活动

物流活动	物流层面		
	规划层	管理层	作业层
选址	设施的数量规模和位置	库存定位	线路选择、发运、调度

续表

物流活动	物流层面		
	规划层	管理层	作业层
运输	运输方式	阶段性服务的内容	确定补货数量、时间
订单处理	选择、设计、订单录入系统	优先处理客户订单的原则	分配订单
客户服务	设定标准	执行标准	执行标准
仓储	布局位置选择	阶段性空间选择	供应订货
采购	采购政策	选择供应商、洽谈合作	发出订单

资料来源：陈文若.第三方物流[M].北京：对外经济贸易大学出版社，2004.

客户在外包物流时，在层面选择上会有很大的不同。最完整的外包，自然是将三个层面的业务作为一个整体包给物流企业运作，但是实际中，这种外包形式并不多见。

目前在我国，比较常见的是作业层和管理层的外包。值得注意的是，在国外发展比较成熟的物流市场中，规划层面的外包有从第三方物流业务中独立出来的趋势，如埃哲森的第四方物流就是专门为提供物流系统规划和供应链整合方案服务的。

(三)外包内容

外包内容就是解决物流服务中具体设计的活动、环节等问题。获取客户外包内容的途径一般有两种：一种是客户将自己的物流需求列出来，物流管理比较健全的企业，一般采用这种形式；另一种是客户对自己的物流需求没有明确的定义，则需要第三方物流企业通过调研获得。

第三方物流企业在调研客户物流需求时，一般应该事先准备好问题，在调研过程中，可以比较全面地了解和记录客户的物流需求。

任务三　第三方物流企业客户服务与客户关系管理

一、第三方物流企业客户服务的定义及特征

(一)第三方物流企业客户服务的定义

著名管理专家伯纳德和保罗从流程的角度将客户服务定义为："以成本有效性方式为供应链提供显著的增值利益的过程。"他们认为，客户服务是一种活动、绩效水平和管理理念。其中，把客户服务看作是绩效水平，是指客户服务可以精确衡量，并且可以作为评价企业的一个标准。第三方物流企业的客户服务包含两层含义：一个是代替客户企业为其客户进行服务，一个是针对客户企业展开的服务。

第三方物流企业客户服务的定义一般是指第三方物流企业为促进产品的销售或服务的实施，发生在客户与第三方物流企业之间的相互活动。第三方物流企业客户服务的实质就是以客户满意为第一目标，为客户高效、迅速地提供服务和产品。

(二)第三方物流企业客户服务的特征

(1)无形性。服务是由一系列活动所组成的过程,而不是实物,它并不能像有形商品一样被看到或触摸到,但服务可以被感觉到,并且服务接受者可以根据感觉来评价服务质量的优劣。对于第三方物流企业提供的服务而言,客户购买的是系列活动的过程,感知其优劣,而不是获得其所有权。

(2)可靠性。服务质量往往比物质产品变化更大,为了提高服务质量,企业应当经过严格规范的培训后才能为客户服务,通过客户建议、调研、追踪来掌握客户需求,调整服务方式。因此,客户服务系统应当是可靠的,要让客户感到服务是没有危险和风险的。这样,客户才能从所提供的服务中获得最大的满意。

(3)即时性。客户服务的生产与消费是同步的,提供服务的过程往往就是消费的过程,离开了系列活动过程,服务就消失了。因此,客户服务具有即时享用的属性,在可以利用的时候如果不被购买和利用,服务就会消失。

(4)有偿性。服务是具有价值的,它是有偿的、等价的。

(5)可得性。应在合适的时间、合适的地点、合适的情景中便利地获得所需要的服务。

(6)互动性。客户服务是企业与客户的响应、互动过程,"有求必应"是一种被动的反应,服务在先是企业服务质量的良好体现。

二、第三方物流企业客户服务流程

(一)理解客户的需求

随着企业之间的竞争不断加剧,客户对于物流服务的需求也在不断变化。第三方物流企业必须预测这些改变,并对此做出积极反应,不断改变业务目标。随着需求的改变,物流过程必须适应这种改变以保持顾客满意,第三方物流企业提供满意的服务要从了解顾客需求出发。

(二)了解当前服务能力和客户需求之间的差距

在了解客户需求后,第三方物流企业必须找出自己当前的服务能力和客户实际需求之间的差距。第三方物流企业明白客户的需要与之能提供的服务的不同后,两者之间的差距便可以分析出来。许多公司都以为客户需求与他们提供的服务之间差距很小,调查之后,他们通常会发现自己曲解了客户需求。

(三)满足客户需要的特定服务

为了让尽可能多的客户满意,企业应该按需求的相似性对客户进行分类。许多企业按产业、产品类型、销售量和利润来细分,而现在通行的标准是需求的相近性。例如,以"隔夜或第二日送货"为标准划分比按商业类型——零售/批发划分更有意义。一些客户希望收到的产品以稻草包装,另一些却喜欢以薄纸夹衬,通过调查这些自然而分的客户,企业可以更好地提供针对性服务。

无论什么产业,不同的服务必须与相应的费用相比较。如果一项服务对客户有足够的价值,客户可能就愿意为此付出额外费用。区分愿意与不愿意为服务付出费用的客户很重要。提高价格、增加服务可能把一部分客户引向自己的竞争对手,但同时又满足了另一部分客户。

(四)在客户要求的基础上创造服务

为了满足客户需求,并超出他们的期望值,第三方物流企业不仅必须满足客户的需求,而且应提供增值服务。他们把致力于满足客户最低的要求作为客户满意的开端,如果无法满足,则将得到客户的否定评价;如果满足了,也不会得到客户的称赞,因为这是客户所希望的。只有当企业的服务超出客户的最低要求时才会使客户满足,达到增加价值的目的。

三、第三方物流企业客户关系管理概述

(一)客户关系管理的定义

客户关系管理(Customer Relation Management,CRM)起源于20世纪80年代初的"接触管理",是指专门收集和整理客户与公司联系的所有信息。20世纪90年代初,演变成为资源资料分析与电话服务中心的"客户关怀"。经过不断发展,客户关系管理日趋成熟,最终形成一套完整的管理理论体系。客户关系管理的概念,由高德纳公司小组最早提出,但至今没有一个公认的定义,不同的组织和企业,站在不同的角度、从不同的层面,对客户关系管理的认识是不同的。

对于CRM的定义,可分为三个层面来阐释:

(1)客户关系管理是一种现代的企业经营管理理念。此理念的核心是以客户为中心、以客户为资源、通过客户关怀来提高客户的满意度。

(2)客户关系管理是一整套解决方案。该解决方案中,CRM集合了Internet、电子商务、呼叫中心、多媒体技术及相应的硬件环境等当今最新的信息技术,还包括与CRM有关的专业咨询。

(3)客户关系管理是一套应用软件系统。此种应用软件系统,以市场营销、销售管理、客户关怀以及服务和支持等软件模块为基石。客户关系管理必须以正确的思想作为指导,通过信息技术和信息系统等方法和手段来实施。

综上所述,客户关系管理首先是一种新型的企业管理理念,它以客户为最重要的资源,为企业提供全方位的管理视角,在不断提高客户满意度的同时,实现企业自身的价值。其次,客户关系管理是一套先进的运作方法体系,它借助于各种现代技术,完成"聚焦客户"的各项业务的组织,并进行相关领域流程的再造及资源的配置。另外,客户关系管理还是融合了多项功能的应用软件和技术集成体。客户关系管理通过面对面客户交流、呼叫中心访问等客户接触点收集客户信息,然后利用后台数据仓库的联机分析处理和数据挖掘,为企业实现销售管理、市场管理、客服管理、产品实际以及决策支持提供自动化的信息及技术支撑。

(二)物流客户关系管理的含义

物流客户关系管理就是在客户关系管理的框架基础上,将其方法、手段和技术具体应用在物流领域,把物流的各个环节作为一个整体,从整体的角度进行系统的客户关系梳理,在第三方物流企业层面上选择企业的客户,不断优化客户群,并为之提供精细服务。这样,就可以超越各个环节的局部利益,排除各个环节的约束和目标冲突来协调物流各个环节的活动,从而实现商品实体运动的优化管理。

四、第三方物流企业加强客户关系管理的必要性

对于第三方物流企业来说,委托其承担物流管理工作的企业就是客户,因为该企业购买了第三方物流企业的服务,因此,第三方物流企业及委托企业之间存在着客户关系,对客户关系

要进行管理。

客户关系管理对于第三方物流企业发展的作用主要体现在以下方面：

(1)有利于市场细分和客户定位,提供差异化服务。实施CRM系统有助于第三方物流企业分析客户详细的交易数据,从而区分企业的盈利客户、成长性客户、低利润客户并制定出相应的服务策略:为具有吸引力的盈利客户提供一流的服务;为具有成长性的客户提供个性化的服务,促使其成长为最具价值的客户;对于低盈利且成长力不强的客户,则采取适当的策略促使其转向。

(2)有利于培养客户忠诚度,提高客户满意度,减弱扩散效应。物流行业是典型的客户关系维护型行业,企业运营主要依靠老客户的重复购买。CRM系统为第三方物流企业提供多种与客户沟通的渠道,通过沟通及时了解客户的个性化需求,并对客户的要求做出正确快速反应,从而提高客户满意度;利用客户在供应链条中的位置,充分发挥满意度的正扩散效应,提高客户忠诚度。

五、第三方物流企业客户的特征

(一)客户的数量多、种类广

第三方物流企业的产生与发展,是商流与物流逐渐分离的过程。因此,第三方物流企业的服务对象包括生产和流通领域中的各个企业。随着商品的多样化、个性化生产,相互关联的企业越来越多,第三方物流企业的客户也向着多数量、多种类的方向发展。第三方物流业务不局限于制造企业,同时也包括零售百货公司的仓储配送,以及大量中小型企业的货代、包裹快递、航空快递、进口通关报关等业务。

(二)客户具有双重性

传统企业的客户关系管理一般是一维的,即一对一或者面对面地与单个客户交流,不涉及第三方的参与。但第三方物流企业则不同,它是为供应方和需求方提供物料运输、仓库存储、产品配送各项物流服务的,是供应方和需求方之间的连接纽带,因此第三方物流企业进行一项服务要同时面对两个或两个以上服务对象,也就是介于买者和卖者之间的"第三者",一方面要服务于供应商,另一方面还要服务于制造商或者是零售商,因此可能出现以下两种情况:

(1)双合同客户。第三方物流企业同时面对两个或两个以上基于合同基础上的客户,这时第三方物流企业就要通过自己优质的服务满足他们的需要,使顾客满意,提高顾客的忠诚度。

(2)单合同客户。第三方物流企业拥有一个建立在合同基础上的客户,同时还面对一个即将建立合同的潜在客户。此时,企业一方面要满足现实客户,另一方面要考虑利用这个业务机会获得潜在客户的认同,使其成为现实客户。

由以上分析可以看出,任何一个客户(现实客户和潜在客户)的不满意都可能导致双倍客户的流失。例如,对于轿车整车第三方物流企业来说,一个客户是轿车制造商,另一个客户或潜在客户是轿车零售商,如果不能满足制造商的需要,也将会失去零售商客户。因此第三方物流企业存在"三角"客户关系。

六、第三方物流企业客户关系管理应注意的问题

(一)正确对待客户抱怨

对于客户的不满和抱怨,应采取积极的态度来处理。正确有效地处理客户的抱怨,能够帮助企业重新树立信誉,提高客户满意度,建立客户忠诚度。每一位客户的抱怨都会使企业有机会拉开与其他企业的差距,倾听客户的抱怨并予以解决可以使企业把握市场机会,巩固客户群。

(1)将客户抱怨作为促进企业进步的重要推力。客户不抱怨的最主要原因是市场上提供了许多可供选择的产品或服务,与其抱怨,不如换个企业。客户抱怨是建立客户忠诚的契机,没有消息就是坏消息,与客户关系走下坡的一个重要信号,就是客户不抱怨了。

(2)提供客户反馈渠道。企业应该采取一定的措施以获得客户的反馈,对客户的抱怨或意见及时作出反应,从客户的角度思考,分析抱怨原因,积极与客户进行沟通,及时解决问题,并及时做好客户情况记录。

(二)正确理解客户满意与客户忠诚的关系

客户的期望由基本期望和潜在期望两部分构成。基本期望是指客户认为理应从产品和服务中得到满足的基本需要;潜在期望是指超出基本期望的客户并未意识到而又确实存在的需求。

客户满意分为客户的基本期望得到满足导致的满意和客户的潜在期望得到满足导致的满意。

(1)基本期望的满意水平与客户忠诚的关系。当客户基本期望的满意水平达到一定程度时,客户忠诚就会随着满意水平的提高而提高,但这种满意水平对客户忠诚的边际效用是递减的。当客户忠诚上升到平均忠诚时,不管企业采取何种措施提高客户满意水平,客户忠诚度的变化不大。

(2)潜在期望的满意水平与客户忠诚的关系。潜在期望的满意水平对客户忠诚的激励作用与基本期望满意水平的激励作用完全不同。客户潜在期望的满意水平对客户忠诚的边际效用是递增的。其原因是客户从产品中获得了意想不到的价值,包括物质、心理、精神方面的价值,因满足了自己的潜在期望而感到愉悦。这种感觉越强,对客户的吸引力越大,在下一次购买时,为了再次体验到这种感觉,客户很可能仍然选择同一品牌。经过多次重复购买,客户多次感到愉悦,对该种产品逐渐产生信任和依赖,不再考虑其他品牌产品,形成积极的长期忠诚。客户忠诚度接近平均忠诚度时,客户会更关注潜在期望的实现。如果此时企业仍致力于提高客户基本期望的满意水平而忽视客户的潜在期望,就会造成客户满意陷阱。

(三)做好客户关怀

所谓客户关怀,就是对客户细微的关心,不仅表现在企业对客户言语上的关心,更表现在行动上的关心,这才是真正体现了客户管理营销"想客户之所想"的思想。第三方物流企业的客户关怀就是对每个客户采取合适的运输方式,向客户提供量身定做的服务。

【项目小结】

本项目重点介绍了第三方物流服务的内容,分析了第三方物流服务内容以及客户物流需求层次,介绍了第三物流企业客户服务内容及流程,同时对第三方物流企业客户关系管理的必要性进行了分析。

【同步测试】

一、选择题

1. 第三方物流服务中增值服务内容包括（   ）。
   A. 运费支付　　　　　B. 加工包装　　　　　C. 咨询服务　　　　　D. 信息处理
2. 第三方物流客户服务管理的方法包括（   ）。
   A. 吸引客户　　　　　B. 保持客户数量　　　C. 增加忠诚客户　　　D. 客户数据分析
3. 第三方物流对于客户来说，其存在的最主要的价值是（   ）。
   A. 提供及时优质的服务　　　　　　　　　　B. 提供低廉的服务价格
   C. 提高客户的物流处理能力　　　　　　　　D. 提供各种增值服务
4. 当工商企业需要物流服务，而其本身又不具备这种能力时，所需要采取的经营策略是（   ）。
   A. 开展合作经营　　　　　　　　　　　　　B. 投资增加/新建物流服务
   C. 外购物流服务　　　　　　　　　　　　　D. 将物流服务转移给客户
5. 物流企业在市场的竞争中取得并扩大优势的决定力量是（   ）。
   A. 核心竞争力　　　　　　　　　　　　　　B. 差异化的服务
   C. 低成本的服务　　　　　　　　　　　　　D. 灵活化的运作模式

二、简答题

1. 第三方物流的服务内容有哪些？
2. 客户物流需求分析可以从哪几个层面来进行？
3. 简述第三方物流企业加强客户关系管理的必要性。
4. 第三方物流企业在客户关系管理中应注意哪些问题？

项目三　第三方物流服务方案

【知识目标】

了解运输方式的选择、运输作业组织。

掌握储存的功能、储存作业合理化规范。

掌握配送的特点,设计合理化方案。

【技能目标】

了解第三方物流企业的基本运作流程。

掌握各项物流活动业务流程应具备的基本条件。

【案例导入】

深圳市中海国际物流有限公司是中国海外集团的全资下属公司,是深圳福田保税区内第一家开工建设及第一家投入运作的综合型的现代物流企业。

中海物流在1998年初与IBM合作,为其提供全方位即时(Just in Time,JIT)配送服务,在全国15家保税区内开创了从事第三方物流服务的先河。1999年3月,中海物流与日本MINOLTA合作开展配送项目,该项目较之IBM,其客户要求、运作流程更为复杂。通过与IBM与MINOLTA的合作,中海物流配送业务从无到有、从熟悉到熟练、从成长到成熟,逐步探索出一套横向四流(商流、物流、信息流和资金流)合一和纵向多对一、多对多的物流。

中海物流配送中心通过委托合同的形式为IBM和MINOLTA提供第三方物流服务,根据料件的类别、型号和价值与两家公司签署不同的贸易合同,而且同一供应商品的不同料件也有不同的条款。中海物流配送中心根据贸易合同,与供应商也签署不同的物流服务委托合同,从而确定服务委托方。IBM和MINOLTA与供应商之间的商流通过中海物流配送中心的实物配送、信息传递来实现,中海物流配送中心与IBM、MINOLTA以及供应商之间的商流通过提供第三方物流服务来实现。

(资料来源:https://wenku.baidu.com/view/d53465651ed9ad51f01df203.html)

思考:中海国际物流有限公司是如何运作的?

任务一　第三方物流运输方案

一、运输业务

运输是用设备和工具将物品从一地向另一地运送的物流活动,包括集货、搬运、分配、中转、装入、卸下、分散等一系列活动。

二、运输的功能

(1)物品转移功能。无论物品处于哪种形式,也不管是在供应链活动的哪一阶段,运输都是必不可少的。

(2)物品储存功能。从本质上看,运输车辆也是一种临时储存设备,在移动中具有临时储存物品的功能。

三、运输的基本方式及选择

(一)运输的基本方式

运输方式是指运送物品所采用的交通工具和方法的类型。目前主要有五种运输方式,即铁路、公路、水路、航空和管道运输。

1. 铁路运输

铁路运输由于在固定轨道线路上行驶,可以自成系统,不受其他运输条件的影响。铁路运输可重载高速运行,运输单位大,使运费和劳务费降低,但车站之间距离比较远,缺乏机动性。

2. 公路运输

公路运输最大的优点是空间和时间方面具有充分的自由性,不受路线和停车站的约束,可实现从发货人到收货人之间门对门直达运送,且货物损伤、丢失和误送的可能性很小。由于减少了转运环节,货物包装可以简化。公路运输的运输单位小,不能产生大批量输送的效果,且单位运输成本高,在长距离输送中缺点较为明显。

3. 水路运输

水路运输,在大批量和远距离的运输中价格相对便宜,可以运送超大型和超重货物。运输线路主要利用海洋与河流,不受道路的限制,在隔海的区域之间是代替陆地运输的必要方式。但水上航行的速度比较慢,航行周期长,易受天气影响,建设港湾也要花费高额费用。

4. 航空运输

航空运输由于时间短,货物损坏少,特别适合一些保鲜物品的输送。但是航空运输费用高,离机场距离比较远的地方利用价值不大。客运飞机可以利用下部货仓运送少部分货物。随着空运货物的增加,出现了专用货机,专用货机采用单元装载,缩短了装卸时间,保证了"快"的特色。

5. 管道运输

管道运输的主要优点是可以连续不断地输送大量物资,不费人力,运输成本低,管道铺设可以不占用土地或占地较少。管道运输的缺点是在输送地点和输送对象方面具有局限性。管道运输一般适用于气体、液体的输送,也发展了粉粒体的近距离输送,如粮食、矿粉等。

(二)运输方式的选择

每一种运输方式,都有其特定的运输线路、运输工具、技术运营特点、经济性能和合理的使用范围,因而在运输作业的实际运作过程中,选择何种运输方式会影响到运输成本及运输效率。同时,对于第三方物流企业而言,在实际的运作过程中,必须依据客户本身的需求以及所承运货物的特点,选择合适的运输方式。

各种运输方式的成本结构见表3.1。

表3.1　各种运输方式的成本结构

运输方式	固定成本	变动成本
铁路	高(设备、轨道等)	低
公路	高	适中(燃料、维修等)
水路	适中(船舶、设备等)	低
航空	低(飞机)	高(燃料、劳动、维修等)
管道	最高	最低

各种运输方式的营运特征见表3.2(分数越低越好)。

表3.2　各种运输方式的营运特征

营运特征	铁路	公路	水路	航空	管道
速度	3	2	4	1	5
可行性	2	1	4	3	5
可靠性	3	2	4	5	1
能力	2	3	1	4	5
频率	4	2	5	3	1
合计得分	14	10	18	16	17

1.运输方式的选择标准

运输方式的选择标准包括以下主要内容:
(1)取货、运输、送货的服务质量良好,即准确、迅速、安全、可靠。
(2)门到门运输服务费用合理、低廉。
(3)能够及时提供运输车辆和运输状况等业务的查询、咨询服务。
(4)货物丢失或损坏时,能够及时处理有关索赔事项。
(5)正确填制提单、货票等运输凭证。
(6)与企业保持长期真诚合作关系。

在评价选择过程中,可以根据运输合同的实际履行情况,对上述因素按重要程度打分,按照总分(加权处理)多少判别优劣顺序,然后决定选择与否,如何选择、接洽。

运输方式综合评分见表3.3。

表3.3　运输方式综合评分表

评估因素	重要程度	承运绩效	等级判断
运输成本	1	1	1
中转时间长短	3	2	6
可靠性	1	2	2
运输能力	2	2	4
可达性	2	2	4
安全性	2	3	6

注:等级判断=重要程度×承运绩效。
　　重要程度:1为高度重要,2为适中,3为较低。
　　承运绩效:1为好,2为一般,3为较差。

2.运输方式选择过程中要考虑的主要因素

在运输方式选择过程中应该考虑运输物品的种类、运输量、运输距离、运输时间和运输费用。

(1)运输物品的种类。在运输物品的种类方面,物品的形状、单件重量容积、危险性、变质性等都成为选择运输方式的制约因素。

(2)运输量。在运输量方面,一次运输的批量不同,选择的运输方式也不同。一般来说,原材料等大批量的货物运输适合铁路运输或水路运输。

(3)运输距离。货物运输距离的长短直接影响到运输方式的选择。一般来说,中短距离的运输比较适合公路运输,而长距离运输则可采用铁路运输或水路运输。

(4)运输时间。运输时间长短与交货的时间期限息息相关,如果交货的时间期限较短,则可考虑选择航空运输。

(5)运输费用。物品价格的高低关系到承担运费的能力,也成为选择运输方式的重要考虑因素。

由于运输成本在总物流成本中占有重要比例,而且不同运输方式的运价相差很大,因此运价是运输方式选择时一个非常重要的因素。但是物流企业应该注意到,往往运输成本最低的运输方式,在具体运作时会带来系统要素运作成本的上升,因此难以保证整个物流系统的成本最低。所以,物流企业在选择运输方式时,一方面要考虑运价,另一方面还要注重不同运输方式带来的服务质量的不同,以及对整体运作成本的影响。同时,在运输方式选择的过程中,往往会受到当时特定的运输环境的制约,因此必须根据运输货物的各种条件,通过综合判断来加以确定。

四、运输作业组织

运输作业组织在第三方物流运输管理中占有很重要的地位,具体进行以下三方面工作。

(一)货物发运

货物发运是指发货单位按照与运输单位的合同要求,通过一定运输方式,将货物从发货地运达目的地的具体业务工作。

货物发运主要有三种方式:第一种是零担发运,指一批货物的重量和体积都不足以单独使用一个整车,而按其性质又可与其他货物拼装运送的发运方式,可分为直达零担、中转零担和沿途零担;第二种是整车发运,指一批货物能装满整车,一般可分为单一整车发运、集装整车发运、集装整车中转发运、整车分卸和整车零担等;第三种是包裹发运,是一些零星贵重的商品所采用的一种发运方式。

货物发运的主要步骤:①组配,根据货源、动力状况,将待运的各种商品按照性质、重量、体积、包装、形状、运价等因素合理地配装在一定容积的运输工具里;②制单,主要是填制货物运单和运输交接单;③办理托运手续;④送单。

(二)货物接运

货物接运是指货物从发运地运到收货地后,收货单位同承运部门办理的物品点验接收工作。它一般包括:①接运准备;②办理接运手续;③办理物品入库或港站直拨。

(三)货物中转

货物中转是指货物从发运地到收货地的运输过程中,由于受购销数量、自然地理位置和交通线路的影响,必须经过运输工具换装才能到达目的地的运输作业。它主要包括:①衔接中转运输计划;②接收中转商物品;③发运中转物品。

物流运输合同样本如图 3.1 所示。

物流运输合同

订立合同双方:
托运方:
承运方:
托运方详细地址:
收货方详细地址:
根据国家有关运输规定,经过双方充分协商,特订立本合同,以便双方共同遵守。
第一条货物名称、规格、数量及价款

货物编号	品名	规格	单位	单价	数量	金额

第二条包装要求。托运方必须按照国家主管机关规定的标准包装;没有统一规定包装标准的,应根据保证货物运输安全的原则进行包装,否则承运方有权拒绝承运。
第三条货物起运地点。

图 3.1　物流运输合同样本

五、运输作业的关键因素

从企业物流管理的角度出发,运输成本、运输速度和运输的一致性是运输作业的三个至关重要的因素。

1.运输成本

运输成本是指两个地理位置间的运输所耗费的各种费用,以及管理和维持转移中存货的有关费用。物流系统的设计,应把系统总成本降低到最低限度,这意味着最低费用的运输并不一定导致最低的物流总成本。

2.运输速度

运输速度是指为完成特定的运输作业所需花费的时间。运输速度和成本的关系,主要表现在两个方面:一是运输者提供的服务速度越快,实际需要收取的费用也就越高。二是运输服务速度越快,转移中的存货就越少,可利用的运输间隔时间也越短。因此,在选择最合理的运输方式时,关键问题是如何平衡运输服务的速度和成本。

3.运输的一致性

运输的一致性是指在若干次装运中履行某一特定的运输所需的时间,与原定时间或与前几次运输所需时间的一致性。这是运输可靠性的反映。多年来,运输管理者已把一致性看作高质量运输的最重要的特征。如果给定的一项运输作业,第一次花费了 3 天时间,而第二次却花费了 10 天时间,这种意想不到的变化会使物流作业产生严重的问题。如果运输作业缺乏一致性,就需要增加安全储备存货,以防措手不及的服务故障。运输的一致性会影响买卖双方承担的存货义务和有关风险。在企业物流管理与决策中,必须在运输成本和服务质量之间进行权衡。

六、运输管理的含义与基本原理

(一)运输管理的含义

运输管理就是按照运输的规律和规则,对整个物流运输过程所涉及的各种活动,包括原材料入厂和成品出厂的运输、自有运输/租用或购买运输决策、运输方式及承运人选择、承运人和托运人合同、战略伙伴关系、路线计划、服务提供、计算机技术以及人力、运力、财力和运输设备,进行合理组织和平衡调整,监督实施,达到为用户提供优质运输服务,提高物流效率,降低物流成本的目的。

(二)运输管理的基本原理

1. 运输规模经济

规模经济是指生产或经销单一产品的单一经营单位,产出或收益的增加比例大于、等于或小于各种要素投入的增加比例的现象。规模经济说明各种生产要素增加,即生产规模扩大对产量或收益的影响。当产量或收益增加的比率大于生产规模扩大的比率时,就是规模收益递增;当产量或收益增加的比率小于生产规模扩大的比率时,就是规模收益递减;当这两种比率相等时则是规模收益不变。

运输企业生产规模变动对运输量或收益的影响,可以用内在经济与内在不经济来解释。内在经济就是一个运输企业规模扩大时,由自身内部引起的效率提高或成本下降。这种效率的提高主要来自三个方面:第一,可以利用更先进的专业化运输设备,实现更精细的分工,提高管理效率,从而使每单位运输产品的平均成本下降。特别应该强调的是,许多大型专用运输设备只有在达到一定运输量水平时才能使用,这些运输设备的使用会使平均运输成本大幅度下降。或者说只有达到一定运输量水平时,平均成本才能最低。第二,规模大的运输企业有能力进行技术创新,而技术创新是提高效率、降低成本的重要途径。第三,大批量运输不仅在市场上具有垄断能力,足以同对手抗衡,而且降低了运输成本。

运输规模经济的特点是,随着装运规模的扩大,每单位运输产品的运输成本下降。例如,整车装运(车辆满载装运)的成本低于零担装运(利用部分车辆能力装运);铁路或水路运输中运输能力较大的运输工具,其每单位运输产品的费用要低于汽车或飞机等运输能力较小的运输工具。运输规模经济之所以存在,是因为有关的固定费用可以按整批货物的质量分摊。规模经济使得货物的批量运输显得更合理。

2. 距离经济

距离经济的特点是每单位距离的运输成本随运输距离的增加而减少。距离经济的合理性类似于规模经济,尤其体现在运输费用、装卸费用上的分摊。距离越长,可使固定费用分摊后的值越小,从而每单位距离支付的总费用越少。

七、运输管理的原则

运输是实现货物空间位移的手段,也是物流活动的主要环节。无论在物流企业,还是在企业物流中,对运输的组织管理应贯彻"及时、准确、经济、安全"的基本原则。

(1)及时就是按照产、供、销等环节的实际需要,将货物及时送达指定地点,尽量缩短货物的在途时间。

(2)准确就是在运输活动中,避免各种内外部因素的影响和差错事故的发生,准确无误地将货物送交指定的收货人。

(3)经济就是通过合理地选择运输方式和运输路线,有效地利用各种运输工具和设备,减少消耗,提高运输经济效益,合理地降低运输费用。

(4)安全就是在运输过程中,能够防止霉烂、残损及危险事故的发生,保证货物的完整无损。

八、运输管理的内容

运输管理的内容包括运输市场的宏观管理和物流运输业务的微观管理两个层面。

1. 运输市场的宏观管理

运输市场的宏观管理是政府主管部门对运输行业的管理,包括运输市场准入的管理,运输市场各项规章的制定、执行与监控等,以建立和完善公开、公平、公正的运输市场竞争环境。

2. 物流运输业务的微观管理

物流运输业务的微观管理是企业对运输过程的业务管理,包括货物的发送、接运、中转等业务和安全运输管理,以达到提高效率,降低成本的目的。

(1)发送业务是根据交通运输部门的规定,按照运输计划,将货物从起运地运往目的地的第一个环节。

(2)接运业务是在办理了交接手续后,将到达的货物及时地接运到指定地点的工作。当货物从起运地到目的地之间不能依靠一次运输直达时,就要经过二次运输而发生中转作业。

(3)中转业务起着承前启后的作用,既要及时接运前一程运输的货物,又要及时发送该货物,使之进入下一程运输。

(4)安全运输管理是指要努力防止运输事故的发生,建立和健全各项运输安全制度,并严格执行。还应及时处理运输事故,一旦发生运输事故,有关各方当事人要立即采取措施,减少损失,并分清责任,及时处理。

九、运输市场的决策参与者

为了了解运输市场的环境,有必要了解运输市场的决策参与者。运输服务市场的买方和卖方无疑是主要参与者,是运输市场的主要因素。运输作为一个特殊的商品,形成了特殊的运输市场,常受到政府的干预,使得政府也成为该市场中一个重要的角色。同时,与大多数商品买卖不同,因为运输和环境密切相关,所以运输决策也常受到公众的影响。因此,运输交易往往受五个方面的影响:托运人(运输起始地)、收货人(运输目的地)、承运人(运输的主体)、政府和公众。

1. 托运人和收货人

托运人一般是被托运货物的卖方,收货人通常是买方,两者都是运输市场运输服务的购买者。在规定时间内以最低的成本将货物从起始地转移到目的地,这是托运人和收货人的共同目的。运输服务中应包括具体的提取货物和交付货物的时间、预计转移的时间、货物破损率以及精确与适时地交换装运信息和签发单证等工作。

2. 承运人

承运人作为中间人,是运输市场上运输服务的提供者。承运人期望以最低的成本完成所需的运输服务,同时获得最大的运输收入。也就是说,承运人须尽量使转移货物所消耗的劳动、燃料和运输工具成本最低,同时又要按照托运人(或收货人)所愿意支付的最高费率收取运费。为获取最大利润,承运人期望在提取和交付时间上能有灵活性,以便于将个别的装运整合成经济运输批量,进行集中运输。

3. 政府

运输不仅是企业生产与销售的重要组成部分,而且还是生产与销售之间不可缺少的联系纽带。运输能够使产品有效地流通到各市场中,并促使产品按合理的成本被获得,运输的有效性对经济环境有着明显的影响。因此,政府总是期望有一种稳定而有效的运输环境以使经济能持续增长。政府通常采用多种方式来干预和影响运输市场。

由于运输业涉及面广、难于控制,政府部门更倾向于干预运输供应商的活动。这种干预往往采取规范、扶持或拥有等形式。政府部门通过限定承运人所能服务的市场或它们所能收取的价格来规范它们的行为;通过支持研究开发或提供诸如道路或航空交通控制系统之类的通行权来扶持承运人。这种控制权使得政府部门对地区、行业或厂商的经济状况与发展具有举足轻重的影响。

4. 公众

作为直接参与者的公众,关注运输的可得性、费用和效果,而没有直接参与的公众也关心环境和安全的问题。随着公众环保意识的增强,对于消费者来说,不仅关注最大限度地降低成本,而且密切关注与环境和安全标准有关的交易代价,这与消费者的切身利益相关。

显然,各方之间的相互作用,使得运输关系复杂化。这种复杂性会导致托运人、收货人和承运人之间,承运人与政府之间,以及政府与公众之间的冲突,因此运输服务要受到各种运输规章制度的限制和规范。

十、运输合理化

物品从生产地到消费地的运输过程中,从全局利益出发,力求运输距离短、运输能力强、运输费用低、中间转运少、到达速度快、运输质量高,并充分有效地发挥各种运输工具的作用和运输能力,是运输活动要实现的目标。

(一)运输合理化的"五要素"

1. 运输距离

在运输过程中,运输时间、货损、运费、车辆或船舶周转速度等运输的若干技术经济指标,都与运输距离有一定的比例关系。因此,运距长短是运输是否合理的一个最基本因素,缩短运距既具有宏观的社会效益,也具有微观的企业效益。

2. 运输环节

每增加一次运输,不但会增加起运的运费和总运费,而且还会增加运输的附属活动,如装卸、包装等,从而使各项技术经济指标下降。所以,减少运输环节,尤其是同类运输工具的环节,对合理运输有促进作用。

3. 运输工具

各种运输工具都有其使用的优势领域,对运输工具进行优化选择,最大限度地发挥所用运输工具的作用。

4. 运输时间

运输是物流过程中需要花费较多时间的环节,尤其远程运输,在全部物流时间中,运输时间占绝大部分,因而运输时间的缩短对整个流通时间的缩短有决定性的作用。此外,运输时间短,有利于运输工具的加速周转,充分发挥运力的作用;有利于货主资金的周转;有利于运输线路通过能力的提高;对运输合理化有很大贡献。

5. 运输费用

运费在全部物流成本中占很大比例,运费高低在很大程度上决定了整个物流系统的竞争能力。运费的降低,无论对货主企业还是对物流经营企业,都是运输合理化的一个重要目标。

(二)运输合理化的措施

1. 提高运输工具实载率

实载率是反映车船吨位和里程利用情况的综合指标。提高实载率,能充分利用运输工具的额定能力,减少车船空驶和不满载行驶的时间,减少浪费,从而求得运输的合理化。例如,当前国内外开展的"配送"形式,优势之一就是将多家需要的物品或一家需要的多种物品实行配装,以达到容积和载重的充分利用,减少回程空驶。在铁路运输中,采用整车运输、整车拼装、整车分卸及整车零卸等措施,都是提高实载率的有效途径。

2. 改进运输方式,提高运输能力

在运输设施建设已定型和完成的情况下,通过改善运输组织可实现能源、设施的少投入,增加运输能力的目的。例如,铁路运输中采取"满载超轴"法("满载"指充分利用货车容积和载重量,都载货,不空驶;"超轴"指在机车能力允许的情况下,多加挂车皮),水运上对竹、木等物品采用拖排和拖带法,内河驳船采用的顶推法,汽车挂车法,等等,都是在充分利用动力能力的基础上,增加运输能力。

3. 发展社会化运输体系

运输社会化的核心是打破一家一户自成运输体系的状况,发挥运输的大生产优势,实行专业化分工与合作,实现运输的规模效益。实现运输社会化可以统一安排运输工具,避免对流、倒流、空驶等多种不合理形式,不但可以追求组织效益,而且可以追求规模效益,如广泛开展的联合运输,取得了很大成绩。

4. 开展中短距离铁路、公路分流

在公路运输经济里程范围内,尽量利用公路。通过公路分流,缓解铁路运输的紧张状况。充分发挥公路门到门、机动灵活、在中短途运输中速度快的优势,实现铁路运输服务难以达到的服务水平。

5. 发展直达运输

当客户一次运输批量和一次需求达到一整车时,要尽量组织直达运输。此外,在生产资料、生活资料运输中,通过直达,建立稳定的产销系统和运输系统,提高运输效率。

【知识链接】

国外先进物流运输方式

国外很多国家允许一车多挂,很早就采用汽车列车形式运输。在北美、西欧等公路网络比较发达的国家,以牵引车拖挂半挂车组成的汽车列车运输方式占了总运输量的 $70\%\sim80\%$。

发达国家的运输企业广泛使用半挂车和汽车列车,以提高装卸效率和缩短货物的送达时间。

目前美国国内用于公路运输的汽车列车长度可达数十米,载重量达40t。汽车运输企业牵引车与半挂车之比一般为1∶2.5,城间约有90%的汽车货运量以半挂车或汽车列车来完成。

在澳大利亚,已普遍使用一车三挂的汽车列车,经常可以看到长长的拖车在高速公路上行驶。为保证行车安全,改善后面挂车的跟随功能,半挂车尾部带牵引座,再接装半挂车形成一轴牵引车,依次拖挂三节挂车的列车组合形式。

德国政府为了减轻大型货车长途运输所造成的环境和生态负面影响,提高货物运输的经济性和合理性,大力推行综合运输政策,鼓励发展公路、铁路、水运、航空多联运输。对于长距离运输,政府鼓励企业尽可能使用铁路、水路等运输方式,而两终端的衔接和货物集疏则以公路运输为主。

德国政府对多式联运还采取积极支持的政策。例如,对和其他运输方式(铁路、内河运输、海运等)联运的重载货车载重量可以达到44t(单独一种运输方式的重载汽车装载量限重为40t),多联运输的重载汽车免收税费。

任务二　第三方物流仓储方案

一、储存的定义与功能

(一)储存的定义

储存指保护、管理、储藏物品。保管是指对物品进行保存及对其数量、质量进行管理控制的活动。在社会经济生活中,储存保管活动普遍存在于商品生产和流通之中,如商品的暂时储存、生产储存、季节储存、转运储存、消费储存或长期储存等。

(二)储存的功能

储存在物流系统中起着缓冲、调节和平衡作用,能有效克服产品与消费在时间上的差异,创造时间效用。储存具有以下的功能。

1. 保存和保管

保管过程中应保证物品不丢失、不损坏、不变质。要通过制定完善的保管制度,合理使用搬运机具,采用正确的操作方法,保证在搬运和堆放中不损坏物品。应根据所储存物品的特性,配备相应的仓储设备,以保证储存物品的完好性。

2. 调节供需

从实际来看,生产节奏和消费节奏不可能完全一致。这就要由储存作为平衡环节加以调控,使生产和消费协调起来。这也体现出物流系统创造时间效用的基本职能。

3. 调节货物运输能力

各种运输工具的运量相差很大,如船舶的运量大,火车、汽车运量相对较小。当它们之间进行转运时,运输能力是很不匹配的。这种运力的差异也需要通过仓库或货场进行调节和衔接。

4. 配送和流通加工

现代仓库除以储存为主要任务之外,还向流通仓库方向发展,使仓库成为流通、销售、零部件供应的中心。其中的一部分在所属物流系统中起着货物供应的组织协调作用,被称为物流中心。这一类仓库不仅具备储存保管货物的功能,而且还增加了分拣、配送、捆包、流通加工、信息处理等设备,部分仓库还具有多品种小批量、多批次小批量等配送功能,以及附加标签、重新包装等流通加工功能,这样既扩大了仓库的经营范围,也提高了服务质量。

总之,在社会经济活动中,如无保管(储存),生产就会停止,流通就会中断。对整个物流体系来说,保管既有缓冲与调节作用,也有创值与增效的作用。保管发挥了稳定、促进经济活动的作用。

【知识链接】

沃尔玛的直接转运

直接转运因沃尔玛而出名,在这个系统中,仓库充当库存的协调点,而不是库存的储存点。在典型的直接转运系统中,商品从制造商到大仓库,然后转移到服务于零售商的车辆上,再尽可能快地运送给零售商。商品在仓库中停留的时间很短,通常不超过12小时。这种系统通过缩短储存时间,降低了库存成本和缩短了提前期。

沃尔玛利用直接转运技术运送约85%的商品,而其竞争对手凯玛特只有50%。为了实施直接转运,沃尔玛启用了一个私人卫星系统。该系统向沃尔玛的供应商发送销售点数据(POS),使供应商能够清楚地知道商店的销售情况。此外,沃尔玛还拥有2000辆卡车的车队,平均每周对商店进行两次商品补充。直接转运使沃尔玛通过整车采购获得了规模经济。沃尔玛减少了其所需的安全库存,相对于行业平均水平降低了3%的销售成本,这是沃尔玛为什么有这么高利润的一个主要原因。

资料来源:大卫辛奇·维利,菲利普·凯明斯基,艾迪斯辛奇·维利.供应链设计与管理:概念、战略与案例研究[M].季建华,邵晓峰译.北京:中国人民大学出版社,2009.

二、仓库的种类

仓库是储存物品的建筑物和场所。仓库作为物流服务的据点,在物流作业中发挥着重要作用。根据不同标准,可对仓库的储存、保管进行分类。

按仓库在社会生产过程中所处的领域分类,可分为生产领域的仓库、中转仓库和国家储备仓库。

(1)生产领域的仓库(生产仓库或企业仓库)。用于存放生产储备物品,以保证生产正常进行而建立的仓库。这类仓库主要作用是用于存放企业生产所需的各种原材料、设备、工具及企业生产的产品等。按其存放的物品的性质,又可分为原材料仓库和成品仓库。

(2)中转仓库(储运仓库)。以中转储备货物为目的的仓库,属于流通领域的仓库。

(3)国家储备仓库。用以存放国家储备物资的仓库,国家储备物资是较长时间脱离周转的物资,这类物资同样也处在流通领域。

按储存物资种类分类,可分为综合性仓库、通用性仓库和专业性仓库。

(1)综合性仓库。又称通用型仓库,即在一个仓库里储存多种不同属性的物资。在综合性仓库里,所储存的各种物资的化学、物理性能必须是互不影响的。

(2)通用性仓库。储存一般工业品、农副产品的仓库,它仅具有进出库、装卸、搬运、商品养护、安全要求一般的技术设施,无保温、气调等特殊性装备。由于通用性仓库可以存放各种一般的商品,适应性较强,利用率较高,在流通领域仓库中所占比重最大。

(3)专业性仓库。在一定时期内,一个仓库里只储存某一大类物资,或虽储存两类以上物资,但其中某一类物资的数量占绝大多数,如金属材料库、机电设备库等。由于专业性仓库存放的物资单一,比较容易实现仓库作业机械化。

按储存保管的不同条件分类,可分为普通仓库、恒温恒湿仓库、高级精密仪器仓库、冷藏仓库和特殊仓库。

(1)普通仓库。存放一般性物资(如一般黑色金属材料和机电产品)的仓库。

(2)恒温恒湿仓库。能使仓房内保持一定的温度和湿度,以适应有特殊保管要求和贵重物品保管要求。

(3)高级精密仪器仓库。库房有防尘、防震、防潮设备,并有恒温装置,用以存放高级精密仪器、仪表等物品。

(4)冷藏仓库。能使仓房内保持低温,用于保管怕热、须保鲜物资。

(5)特殊仓库。一般指危险品仓库,用以存放易燃、易爆、有腐蚀性、有毒性和放射性等对人体或建筑有一定危险的物资。此类仓库对库房建筑结构及库房内布局等方面有特殊要求,且必须远离工厂、居民区。

按库房建筑构造特点分类,可分为普通封闭式库房、保温库房、混合结构的机械化库房、货棚和简易仓库。

(1)普通封闭式库房和保温库房。封闭式库房适用于保管怕湿、怕曝晒的物资,主要储存有色金属材料、金属制品、一般机电产品等物品。保温库房用于存放精密仪器、仪表等。

(2)混合结构的机械化库房。库房内装置有起重机,实行机械作业。有的还有铁路专用线通入,可直接在库房内进行装卸作业。

(3)货棚和简易仓库。用于保管那些不需防低温,但受雨、雪侵蚀会损坏的物资。

按使用范围分类,可分为自用仓库、营业仓库、公共仓库和租赁仓库。

(1)自用仓库。保存自己货物的仓库称为自用仓库,包括工厂仓库(原材料、成品仓库)、商业仓库、事业单位或团体的仓库等。

(2)营业仓库。为经营仓库保管业务,根据仓库业管理的有关法规设立的仓库。营业仓库面向社会提供仓储保管服务。商业系统、物资系统、外贸等系统的储运仓库,以及专业仓库都属于营业仓库。

(3)公共仓库。由政府部门或公共团体、社会团体修建的,为社会物流业提供服务的仓库。如铁路车站的货物仓库、交通港口的码头仓库等都属于公共仓库。

(4)租赁仓库。仓库设施的所有者(营业仓库以外的企业或个人)本身并不直接提供保管服务,而是将其拥有的仓库设施租赁给他人用来储存保管物品,这种性质的仓库为租赁仓库。

三、储存方式的比较及选择

储存方式指储存保管物品所采用的组织管理方法和形式。从物品储存的空间安排方式来看,有自建仓库储存、租赁公共仓库储存和合同制储存三种方式。

(一)储存方式的比较

1. 自建仓库储存

自建仓库储存指企业利用自有仓库储存保管物品。自建仓库储存的优缺点如下:

(1)优点:便于控制储存,货主企业能够对仓库实施更大控制,便于将储存功能与企业的分销系统进行协调;管理更具灵活性,货主企业可以按照产品的特点和自身的要求对仓库进行设计和布局,从而对产品进行更加专业的保管;长期储存时自建仓库储存的成本低于公共仓库储存;有助于树立企业的良好形象;当企业将产品储存在自有的仓库中时,客户会认为企业经营十分稳定、可靠,是产品的可靠供应者,这有利于提高企业的竞争优势。

(2)缺点:修建自建仓库投资多、占用资金大、风险较高;自建仓库的位置、结构固定,灵活性较差。

2. 租赁公共仓库储存

租赁公共仓库储存指租赁提供营业性服务的公共仓库储存保管物品。租赁公共仓库储存的优缺点如下:

(1)优点:无须仓库投资,租赁公共仓库,货主企业无须对仓库设施设备投资,只需支付相对较少的租金即可得到仓储服务;灵活性高,利用公共仓储不受仓储位置制约,没有仓库容量的限制,从而能够满足企业不同时期,不同情况下对仓储空间的需求;使用公共仓库的成本直接随着储存保管货物数量的变化而变动,便于管理者掌握成本;管理比较简单,使用公共仓库由于无须聘用员工及进行作业管理,因而可以避免管理上的困难;公共仓库的规模经济可以降低货主企业的储存保管成本;公共仓库能够采用更加有效的物料搬运设备,从而提供更好的服务。

(2)缺点:增加了企业包装成本,使用公共仓储时,为了避免不同性质的货物相互影响,必须对货物进行保护性包装,从而增加了包装成本;增加了控制库存的难度,在控制库存方面使用公共仓库比自建仓库储存难度大;另外货主企业还可能由此泄露有关商业机密。

3. 合同制储存

合同制储存又称为第三方储存,指企业将储存保管等物流活动转包给专业化的外部公司,由外部公司为其提供物流服务。合同制储存是通过货主企业与仓储企业之间建立伙伴关系来获得专业化、个性化、高效经济的服务。合同制储存保管的优缺点如下。

(1)优点:有利于有效利用资源,合同制储存比自建仓库储存更能有效地处理季节性生产普遍存在的产品淡旺季存储问题;有利于扩大市场,合同制储存能够通过仓储设施的网络系统扩大货主企业的市场覆盖范围;有利于企业进行新市场的测试;通过合同制储存网络,货主企业可以利用现有设施为客户服务,在促销或推出新产品时可以利用短期合同制储存来考察产品的市场需求;有利于降低运输成本,由于合同制储存处理不同货主的大量产品,因此经过拼箱作业后可大规模运输,这样大大降低了运输成本。

(2)缺点:合同制储存的单位成本较高,合同制储存将储存保管工作外包给其他公司,因而单位运输成本相对较高。

(二)储存方式的选择

1. 不同储存方式的成本比较

第三方物流企业选择哪种储存保管方式,其决策的主要依据是物流成本最低。在三种方式中,租赁公共仓库储存和合同制储存的成本只包含可变成本,随着储存总量的增加,成本也就增加,其总成本与储存量成正比,其成本函数是线性的。自建仓库储存的成本包括固定成本和可变成本两部分,其中固定成本不随储存总量的增减而变化,可变成本的大小与储存总量成正比例。自建仓库储存与租赁公共仓库储存的成本比较如图 3.2 所示。

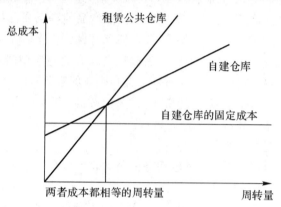

图 3.2　自建仓库储存与租赁公共仓库储存的成本比较

2.储存方式的选择标准

储存保管方式的选择标准,主要包括总成本、周转总量、需求的稳定性和市场密度。

(1)总成本。物流总成本的大小是选择储存保管方式的主要依据。一般来说,在周转量较低时,选择公共仓库储存比较有利。随着周转量的增加,在超过成本相等点以后,则使用自建仓库储存更有利。

(2)周转总量。如果周转量较高,自建仓库储存更经济;相反,当周转量较低时,则选择公共仓库储存更为明智。

(3)需求的稳定性。需求的稳定性是自建仓库的一个关键因素。如果需求稳定,仓库具有稳定的周转量,则自建仓库储存运作比较经济;如果需求波动大,储存量不稳定,则选择公共仓储比较有利。

(4)市场密度。市场密度较大或供应商相对集中,修建自建仓库比较有利,相反,市场密度较低,则在不同地方使用几个公共仓库储存比使用自建仓库服务一个很大的地区更经济。

四、储存保管作业

(一)储存保管作业的程序

(1)接货。指根据储存计划、发运单位、承运单位和发货或到达通知,进行货物的接收和提取,并为入库保管做好一切准备的工作。具体包括五项内容:与发货单位、承运单位的联络工作;制订接货计划;办理接货手续;到货的处理;验收工作。其中,验收工作是关键环节,要求做好核证、数量验收和质量验收工作。

(2)保管。指根据物资本身的特性及进出库的计划要求对入库物资进行保护、维护管理的工作环节。要求在仓库规范化、存放系列化、维护经常化的基础上,做到保质、保量、保安全、保急需。具体要做好三项工作:与接货单位及用货单位的联络工作;制订保管计划;办理入库、出库手续。

(3)发货。指根据业务部门的计划,在办理出库手续的基础上,进行备货、出货、付货或外运。发货工作具体要做好四项工作:与收货单位、外运承运单位的联络工作;制订发货计划;核对及备货;办理交货手续。

(二)储存保管作业的合理化措施

实现储存保管作业的合理化,是提高物流管理的重要内容,为此应从以下几方面入手。

(1)面向通道进行保管。为使物品出入库方便,容易在仓库内移动,其基本要求是将物品面向通道保管。

(2)尽可能地向高处码放,提高保管效率。为了有效利用库内容积,应当高层堆码,并应尽可能使用棚架等保管设备。

(3)先进先出的原则。对于易变质、易破损、易腐蚀的物品及对于机能易退化、老化的物品,应尽可能按先进先出的原则,加快周转。

(4)同一性原则。相同品种在同一地方保管。为提高作业效率和保管效率,同一物品或类似物品应放在同一地方保管。

(5)重量特性原则。根据保管物品的重量来确定保管位置。安排放置场所时要把重的物品放在下边,把轻的物品放在上边;对需要人工搬运的大型物品应码放在腰部以下位置,轻型物品应码放在腰部以上位置。

(6)根据出库频率选定位置。出货和进货频率高的物品应放在靠近出入口,易于作业的地方。流动性差的物品放在距离出入口稍远的地方。

(7)依据形状安排保管方法。依据物品形状来保管也是很重要的,如标准化商品应放在托盘或货架上保管。

(8)设置标识原则。货物存放的场所要有明确的标识,以便于货物的查找,提高上货和取货的速度,减少差错的发生。标识的位置要便于作业人员的视觉识别。

【知识链接】

美国Menlo物流公司为OfficeMax公司提供运转作业,后者是一家办公用品零售商。为了完成某一订单,运入的货物在运货卡车上或临时存放点就被分拣装车,直接运到商店里,整个作业流程在几小时内就完成了。多出的货物及一些小件被临时存放起来,等待商店送货班车运送,这时可以对运入的组合产品进行分拣。

任务三　第三方物流配送方案

一、配送的概念、特点及种类

(一)配送的概念

所谓配送,是指在经济合理区域范围内,根据客户要求对物品进行拣送、加工、包装、分割、组配等作业,并按时送达指定地点的物流活动。

配送是物流中一种特殊的、综合的活动形式,是商流与物流的紧密结合,包含物流中若干功能要素。从物流角度来说,配送几乎包括所有的物流功能要素,是物流的一个缩影或在较小范围内物流全部活动的体现。一般的配送集装卸、包装、保管、运输为一体,通过一系列活动完成将物品送达到客户的目的。特殊的配送则还要以加工活动为支撑,所以包含内容广泛。

配送在社会再生产过程中的位置,是处于接近客户的那一段流通领域。从商流来讲,配送和物流不同之处在于:物流是商物分离的产物,而配送是商物合一的产物,配送本身就是一种商业形式。从配送的发展趋势来看,商流和物流的结合越来越紧密,这是配送成功的重要保障。

(二)配送的特点

(1)配送以用户的要求为出发点。配送从用户的订货要求出发,用户处于主导地位。因此,配送必须树立"用户第一"和"质量第一"的观念。

(2)配送的实质是送货,但与一般送货有区别。一般送货可以是一种偶然行为,而配送是一种固定的形态。它是一种有确定组织、确定渠道、有整套设施和装备、有管理能力、技术能力,并有一套规范制度的完整体系。

(3)配送是从物流据点至用户的一种特殊送货形式。它表现为中转型送货,而不是工厂至用户的直达型送货。更重要的是,用户需要什么送什么,而不是有什么送什么。

(4)配送是配与送的有机结合。配送利用有效的分拣、配货等理货工作,使送货达到一定的规模,以利用规模优势取得较低的送货成本。

(5)配送强调以合理的方式送交用户。配送应在满足用户要求的同时,追求合理性,并指导用户,以使双方都有利可图。配送是面向最终用户提供的物流服务。在市场的主导权由处于上游的制造商或供应商,向处于下游的零售商或消费者不断转移的态势下,物流服务需要更加接近市场。作为直接面向用户的配送,在满足个性化、高度化的物流需求方面发挥着极其重要的作用,对企业经营战略的实现极为重要。

(三)配送的种类

配送可以按不同的标志进行分类。

(1)按配送组织者不同分类,可分为配送中心配送、仓库配送和商店配送。

1)配送中心配送。配送组织者为配送中心,通常有完善的配送设施、设备,配送专业性强,和用户一般有固定的配送关系。配送中心配送具有配送能力强、配送品种多、数量大的特点,是配送的主要形式。

2)仓库配送。仓库配送以仓库为据点进行配送,一般是在保持仓库储存保管功能的前提下,增加一部分配送职能。

3)商店配送。配送的组织者为商业或物资的门市网点。这种配送形式除自身日常的零售业务外,还要按用户的要求配齐商品(包括本店经营商品和代客订货商品)后送达用户。从某种意义上讲,商店配送是一种销售配送形式。

(2)按配送时间和数量的多少进行分类,可分为定时配送、定量配送、定时定量配送、定时定路线配送和即时配送。

1)定时配送。定时配送是指按规定的时间间隔进行配送,每次配送的品种、数量可按计划执行,也可以在配送之前以商定的联络方式通知配送时间和数量。定时配送可以分为日配送和准时看板方式配送。

2)定量配送。定量配送是指按规定的批量,在一个指定的时间范围内进行配送。这种配送方式由于配送数量固定,备货较为简单,可以通过与用户的协商,按托盘、集装箱及车辆的装载能力确定配送数量,从而提高配送效率。

3)定时定量配送。定时定量配送是指按规定的批量,在一个指定的时间范围内进行配送,兼有定时配送和定量配送的特点,对配送管理水平要求较高。

4)定时定路线配送。定时定路线配送是指在规定的运行路线上制定到达时间表,按运行时间表进行配送,用户可按规定路线、站点和规定时间接货,或提出其他配送要求。

5)即时配送。即时配送是指完全按用户提出的配送时间和数量进行配送,它是一种灵活性很高的应急配送方式。采用这种方式,用户可以实现保险储备为零的零库存,也就是以即时配送代替了保险储备。

二、配送作业的内容

配送作业包括集货、分拣、配货、配装、配送运输、送达服务及配送加工等作业环节。

(1)集货指将分散的或小批量的物品集中起来,以便于进行运输、配送的作业。集货是配送的重要环节,为了满足特定客户的配送要求,有时需要把从多家供应商处预订的物品集中,并将要求的物品分配到指定容器或场所。集货是配送的准备工作或基础工作,配送的优势之一,就是可以集中客户的需求进行一定规模的集货。

(2)分拣指将物品按品种、出入库先后顺序进行分门别类堆放的作业。分拣是配送不同于其他物流形式的功能要素,也是配送成功的一项重要支持性工作。分拣是完善送货、支持送货的准备性工作,是不同配送企业在送货时进行竞争和提高自身经济效益的必然延伸。所以,分拣是送货向高级形式发展的必然要求。有了分拣,就会大大提高送货服务水平。

(3)配货指使用各种拣选设备和传输装备,将存放的物品,按客户要求分拣出来,配备齐全,送入指定发货地点。

(4)配装。在单个客户配送数量不能达到车辆的有效载运负荷时,就存在如何集中不同客户的配送货物,进行搭配装载以充分利用运能、运力的问题,这就需要配装。与一般送货不同之处在于,通过配装送货可以大大提高送货水平及降低送货成本。所以配装也是配送系统中具有现代特点的功能要素,是现代配送不同于以往送货的重要区别之一。

(5)配送运输。配送和一般运输形态的主要区别在于,配送运输是较短距离、较小规模、频度较高的运输形式,一般使用汽车作为运输工具。与干线运输的另一个区别是,配送运输的路线选择问题是一般干线运输所没有的,干线运输的干线往往是固定的运输线,而配送运输由于客户多,一般城市交通路线又较复杂,如何组合成最佳路线,如何使配装和路线有效搭配等,是配送运输的特点,是一项难度较大的工作。

(6)送达服务。将配好的货物运输到客户还不算配送工作的结束,这是因为送达货物和客户接货往往还会出现不协调,从而使配送前功尽弃。因此,要圆满地实现物品的移交,并有效地、方便地处理相关手续,完成结算,还应讲究卸货地点、卸货方式等。送达服务也是配送的特点之一。

(7)配送加工指按照配送客户的要求所进行的流通加工。在配送中,配送加工这一功能要素不具有普遍性,但往往具有重要的作用。通过配送加工,可以大大提高客户的满意程度。配送加工是流通加工的一种,但它不同于一般流通加工,即配送加工一般只取决于客户要求,其加工的目的较为单一。

三、配送管理的概念

所谓配送管理,是指为了以最低的配送成本达到客户所满意的服务水平,对配送进行的计划、组织、指挥、协调与控制。按照管理进行的顺序,可将配送管理划分为三个阶段:计划阶段、实施阶段和评估阶段。

(一)配送管理计划阶段

计划是作为行动基础的某些事先的考虑。配送计划是为了实现配送预期所要达到的目标而做的准备性工作。

首先,配送计划要确定配送所要达到的目标,以及为实现这个目标所进行的各项工作的先后顺序;其次,要分析研究在配送目标实现的过程中可能发生的任何不确定性,尤其不利因素,并做出应对这些不利因素的对策;最后,制定贯彻和指导实现配送目标的人力、物力和财力的具体措施。

(二)配送管理实施阶段

配送计划确定以后,为实现配送目标,就必须要把配送计划付诸实施。配送的实施管理就是对正在进行的各项配送活动进行管理。它在配送各阶段的管理中具有突出的地位,因为在这个阶段,各项计划将通过具体的执行而得到检验。同时,实施阶段也把配送管理工作与配送各项具体活动紧密地结合在一起。实施阶段包括如下任务:

(1)对配送活动的组织和指挥。为了使配送活动按物流计划所规定的目标正常地发展和运行,对配送的各项活动进行组织和指挥是必不可少的。配送的组织是指在配送活动中把各个相互关联的环节合理地结合起来,形成一个有机的整体,以便充分发挥配送中各部门、各工作者的作用。配送的指挥,是指在配送过程中对各配送环节、部门、机构进行的统一调度。

(2)对配送活动进行监督和检查。只有通过监督和检查,才能充分了解配送活动的结果。监督的作用是考核配送执行部门或执行人员工作完成的情况,监督各项配送活动有无偏离配送的既定目标。各级配送部门都有被监督和检查的义务,也有去监督、检查其他部门的权利。通过监督和检查,可以了解配送的实施情况,发现配送活动中的矛盾,找出存在的问题,分析问题发生的原因,提出解决问题和克服困难的方法。

(3)对配送活动的调节。在执行配送计划的过程中,配送的各部门、各环节总会出现不平衡的情况。遇到这种情况,就需要根据配送的影响因素,对配送各部门、各环节的能力做出新的综合平衡,重新布置实现配送目标的力量,这就是对配送活动的调节。通过配送调节,可以解决各部门、各环节之间,上、下级之间,配送内部和外部环境之间的矛盾,从而使配送过程协调一致,紧紧围绕配送目标开展活动,保证配送计划的最终实现。

(三)配送管理评估阶段

在一定时期内,人们对配送实施后的结果与原计划的配送目标进行对照、分析,这就是对配送的评价。通过对配送活动的评价,可以确定配送计划的科学性、合理性,确认配送实施阶段的成果与不足,从而为今后制订新的计划、组织新的配送提供宝贵的经验和资料。

按照对配送评价的范围不同,评价可以分为专门性评价和综合性评价。专门性评价是指对配送活动中的某一方面或某一具体活动做出分析,如分拣工作的效率、送货服务的准确性等。综合性评价是指对配送活动全面管理水平的综合性分析,主要评价某一次或某一类配送活动是否达到了期望的目标值,是否完成了预定的任务。

按照配送各部门之间的关系,配送评价又可以分为纵向评价和横向评价。纵向评价是指上一级配送部门或机构对下一级部门或机构的配送活动进行的分析。这种分析通常表现为本期完成情况与上期或历史完成情况的对比。横向评价是指执行配送业务的各部门之间的各种工作效果的对比,通常能显示出配送部门在社会上所处水平的高低。

应当指出的是,无论采取什么评价方法,其评价手段都要借助于具体的评价指标。这种指标通常表现为实物指标和综合指标。

四、配送管理的内容

从不同的角度来看,配送管理包含不同的内容。

(一)配送模式管理

配送模式是指企业对配送所采取的基本战略和方法,具体包括 5W1H 的内容(即 What、Why、Who、Where、When、How)。企业选择何种配送模式,主要取决于以下几方面的因素:配送对企业的重要性、企业的配送能力、市场规模与地理范围、保证的服务及配送成本等。根据国内外的发展经验及我国的配送理论与实践,现阶段主要形成了以下几种配送模式:自营配送模式、共同配送模式、共用配送模式和第三方配送模式。

(二)配送作业管理

不同产品的配送可能有其独特之处,但配送的一般流程大体相同。配送作业流程的管理就是对这个流程中的各项活动进行计划和组织。

(三)对配送系统各要素的管理

从系统的角度看,对配送系统各要素的管理主要包含以下内容。

(1)人的管理。人是配送系统和配送活动中最活跃的因素。对人的管理包括:配送从业人员的选拔和录用;配送专业人才的培训与提高;配送教育和配送人才培养规划与措施的制定;等等。

(2)物的管理。"物"指的是配送活动的客体,即物质资料实体。物质资料的种类繁多,物质资料的物理、化学性能更是千差万别。对物的管理贯穿于配送活动的始终,它渗入了配送活动的流程之中,不可忽视。

(3)财的管理。"财"的管理主要是指配送管理中有关降低配送成本、提高经济效益等方面的内容,财的管理是配送管理的出发点,也是配送管理的最终归宿。主要内容有:配送成本的计算与控制;配送经济效益指标体系的建立;资金的筹措与运营;提高经济效益的方法,等等。

(4)设备管理。设备管理的主要内容有各种配送设备的选型与优化配置,各种设备的合理使用和更新改造,各种设备的研制、开发与引进,等等。

(5)方法管理。方法管理的主要内容有各种配送技术的研究和推广普及,配送科学研究工作的组织与开展,现代管理方法的应用,等等。

(6)信息管理。信息是配送系统的神经中枢,只有做到有效地处理并及时传输物流信息,才能对系统内部的人力、财力、物力、设备和方法等要素进行有效的管理。

(四)对配送活动中具体职能的管理

从职能上划分,配送活动主要包括配送计划管理、配送质量管理、配送技术管理及配送经济管理等。

（1）配送计划管理。配送计划管理是指在系统目标的约束下，对配送过程中的每个环节都要进行科学的计划管理，具体体现在配送系统内各种计划的编制、执行、修正及监督的全过程。配送计划管理是物流管理工作的最重要的职能。

（2）配送质量管理。配送质量管理包括配送服务质量管理、配送工作质量管理、配送工程质量管理等。配送质量的提高意味着配送管理水平的提高，意味着企业竞争能力的提高。因此，配送质量管理是配送管理工作的中心环节。

（3）配送技术管理。配送技术管理包括配送硬技术和配送软技术的管理。对配送硬技术的管理，是对配送基础设施和配送设备的管理。如配送设施的规划、建设、维修与运用；配送设备的购置、安装、使用、维修和更新；提高设备的利用效率；对日常工具的管理；等等。对配送软技术的管理，主要是指配送各种专业技术的开发、引进和推广；配送作业流程的制定；技术情报和技术文件的管理；配送技术人员的培训；等等。配送技术管理是配送管理工作的依托。

（4）配送经济管理。配送经济管理包括配送费用的计算和控制，配送劳务价格的确定和管理，配送活动的经济核算、分析，等等。成本费用的管理是配送经济管理的核心。

五、配送管理的意义

配送管理的意义在于，通过对配送活动的合理计划、组织、指挥、协调与控制，帮助实现以最低的成本达到最高的顾客服务水平的总目标。从不同的角度来看，其意义有不同的体现。

（一）对配送企业的意义

（1）通过科学、合理的配送管理，可以大幅度地提高企业的配送效率。配送企业通过对配送活动的合理组织，可以提高信息的传递效率、配送决策的效率和准确性，以及各作业环节的效率，并能有效地对配送活动进行实时监控，促进配送作业环节的合理衔接，减少失误，更好地完成配送的职能。

（2）通过科学、合理的配送管理，可以大幅度地提高货物供应的保证程度，降低用户因缺货而产生的风险，进而提高配送企业的客户满意度。

（3）通过科学、合理的配送管理，可以大幅度地提高配送企业的经济效益。一方面，货物供应保证程度和客户满意度的提高，将会提高配送企业的信誉和形象，吸引更多的客户；另一方面，将会使企业更科学、合理地选择配送的方式及配送线路，保持较低的库存水平，降低成本。

（二）对客户的意义

（1）对于需求方客户来说，可以通过配送管理降低库存水平，甚至可以实现零库存，减少库存资金，改善财务状况，降低经营成本。

（2）对于供应方客户来说，如果供应方实施自营配送模式，可以通过科学合理的配送管理提高其配送效率，降低配送成本。如果供应方采取委托配送模式，可节约在配送系统方面的投资和人力资源的配置，提高资金的使用效率，降低成本开支。

（三）对配送系统的意义

（1）完善配送系统。配送系统是构成整体物流系统的重要系统，配送活动处于物流活动的末端，它的完善和发展将会使整个物流系统得以完善和发展。通过科学合理的配送管理，可以帮助完善整个配送系统，从而达到完善物流系统的目的。

(2)提高配送系统的效率。对配送工作而言,与其他任何工作一样,需要进行全过程的管理,以不断提高系统运作效率,更好地实现经济效益与社会效益。

六、配送合理化的措施

(一)推行一定综合程度的专业化配送

通过采用专业设施、设备及操作程序,取得较好的配送效果,并降低配送过分综合化的复杂程度及难度,从而实现配送合理化。

(二)推行加工配送

通过加工和配送结合,充分利用加工当次中转,而不增加新的中转以求得配送合理化。同时,加工借助于配送,使加工目的更明确,和用户联系更紧密,避免了盲目性。将两者有机结合,投入不用增加太多却可追求两个优势、两个效益,这是配送合理化的重要经验。

(三)推行共同配送

通过共同配送,可以以最近的路程、最低的配送成本完成配送,从而实现配送合理化。

(四)实行送取结合

配送企业与用户建立稳定、密切的协作关系,配送企业不仅成了用户的供应代理人,而且是用户的储存据点,甚至成为产品代销人。在配送时,将用户所需的物资送到,再将该用户生产的产品用同一车运回,这种产品也成了配送中心的配送产品之一,或者代存储,免去了生产企业的库存包袱。这种送取结合的方法,既使运力充分利用,也使配送企业功能有更大的发挥,从而实现了配送合理化。

(五)推行准时配送系统

准时配送是配送合理化的重要内容。配送做到了准时,用户才能有效地把握资源,才可以放心地实施低库存或零库存,从而有效地安排接货的人力、物力,以追求最高效率的工作。另外,保证供应能力,也取决于准时供应。从国内外的经验看,准时供应配送系统是现在许多配送企业追求配送合理化的重要手段。

(六)推行即时配送

即时配送是解决用户企业断供之忧,大幅度提高供应保证能力的重要手段。即时配送是配送企业快速反应能力的具体化,是配送企业能力的体现。即时配送成本较高,但它是整个配送合理化的重要保证手段。此外,即时配送也是用户实行零库存的重要保证手段。

【项目小节】

本项目介绍了第三方物流服务方案,包括运输、仓储及配送三方面内容。学生应掌握各项活动特点,设计出合理化方案。

【同步测试】

一、选择题(不定项)

1.货品处理、放置的决定性因素是( )。

A. 货位分配原则　　　　B. 储存策略　　　C. 机械设备的作业能力　　D. 仓库的面积

2.分类随机储存兼具分类储存及随机储存的特色,要求储存空间应为(　　)。

A. 与分类储存相同　　B. 大于分类储存　　C. 大于随机储存　　D. 介于两者之间

3.配送服务质量是配送服务效果的集中反映,可以用下列哪些内容来衡量(　　)。

A. 配送时间　　　　　B. 配送费用　　　　C. 配送效率

D. 配送服务的可得性　　　　　　　　　E. 作业绩效

4.年度运输计划主要内容包括(　　)。

A. 利润计划　　　　　B. 收入计划　　　　C. 成本计划

D. 产量计划　　　　　E. 货源计划

5.运输市场的参与者包括(　　)。

A. 需求方　　　　　　B. 运输工具提供方　　C. 供给方

D. 中介方　　　　　　E. 政府

6.定时配送的典型形式是(　　)。

A. 准时配送　　　　　B. 即时配送　　　　C. 日配　　　　D. 定时定路线配送

二、实训运用

郑州市地处中原地区,交通便利,是国家重点支持建设的大型商贸城市之一。在这个拥有600万人口的城市里,商业企业、工业企业等交错布局,比较适合开展异产业间的共同配送。郑州市的仓储企业除了各个产业部门的仓库外,聚集了中央、省级的仓储企业,数量众多。规模较大的有70多家,这些仓库目前基本都在从事异产业的仓储服务,但还不能提供配送服务,更不能提供异产业间的共同配送服务。

试分析:你认为同产业和异产业共同配送有哪些不同？如果让你来组织和运作一个共同配送项目,要如何开展？

项目四　第三方物流企业运营

【知识目标】

　　了解第三方物流企业的组织结构的发展演变，熟悉组织结构设计的内容、原则和影响因素，掌握组织结构形式及优缺点。

　　掌握第三方物流企业的不同运作模式，了解第三方物流企业的战略联盟，学习第三方物流企业连锁经营和虚拟经营的方式。

　　重点掌握第三方物流企业的组织的运作流程和服务营销策略的内容及制定。

【技能目标】

　　能够对第三方物流企业进行组织结构设计。

　　提高对实际第三方物流企业的组织的运作模式、运作流程的分析和设计能力。

　　培养能够针对第三方物流企业的组织制定、优化和实施服务营销策略的技能。

【案例导入】

　　美国通用汽车公司大约有400个供应商，主要分布于美国的14个州，这些供应商负责把各自原材料送到30个装配工厂进行组装。在原材料运输过程中，由于运输卡车的满载率低，造成原材料库存及配送成本居高不下。美国通用汽车公司为了降低物流成本，同时改进企业内部物流管理，提高企业经营效益，与Penske物流公司合作，寻求第三方物流专业服务。

　　通过对美国通用汽车公司进行调查，详细了解原材料、半成品的配送路线，Penske公司建议在Cleveland设置一家有战略意义的配送中心。该配送中心负责接受、处理、组配半成品，并由Penske公司派员工管理，同时也提供60辆卡车和72辆拖车。除此之外，为了使运输车辆能够进行JJT送货，Penske公司还通过EOI系统帮助通用汽车公司进行供应商的运输车辆调度，为通用汽车的供应商们设计了一套最优送货线，增加供应商的送货频率，减少库存水平。Penske公司还利用GPS技术，使得供应商能够随时对行驶中的送货车辆进行定位。与此同时，Penske公司在配送中心组配半成品后，对装配工厂实施共同配送方式，这样既可以降低运输卡车的空载率，也减少了通用汽车公司的运输车辆，只保留了一些对Penske所提供的车队有必要补充作用的车辆。

　　美国通用汽车公司还选择了大型第三方物流公司Ryder负责其士星和凯迪拉克两个事业部的全部物流业务，选择Alied Holdings负责北美陆上车辆运输任务，选择APL公司、WWL公司负责产品的洲际运输。

　　思考：

　　(1)美国通用汽车公司采用的是什么类型的物流服务？

　　(2)Penske公司为美国通用汽车公司提供物流服务的内涵是什么？结合案例，你认为物流服务具有哪些特征?

(3)第三方物流企业是如何为美国通用汽车公司提供服务的?

(资料来源:https://www.ppkao.com/tiku/shiti/3315624.html)

任务一　第三方物流企业的组织结构设计

一、第三方物流企业的组织演变

第三方物流企业从传统组织模式逐渐向专业化、集成化、一体化的第三方物流服务组织转变。具体发展如下:

1. 传统组织模式

20世纪50年代以前,企业没有独立的物流组织,更无第三方物流企业的存在,物流只是生产、流通领域的附属功能之一。企业的物流活动分解成材料管理、货物运输和实体配送三个基本组成部分;物流功能是分散在企业如营销、财务或制造部门的一系列互不协调、零散的活动,物流组织职能分散化、管理分离化。

2. 物流功能专业化

20世纪50年代末到20世纪60年代初,随着现代市场营销观念的逐步形成,更好地为客户服务、赢得市场成为现代企业经营管理的核心要素,与此同时,企业的产品配送也得到了重视。因此,企业的原材料管理、产品配送等物流功能逐渐从其他部门独立出来,物流活动逐步被归类管理,将两个或更多的物流功能归组,在企业内部进行物流专业化管理。这一阶段的第三方物流企业,是以专业性质为主要标准的组织形式,主要按照职能专业部门进行分工。大多数的传统部门、组织层次并未有大的改变,物流组织仅有局部的专业流程协调作用。

3. 物流功能集成化

20世纪60年代末到20世纪70年代末,企业积累了相当丰富的物流运作经验,集成运作物流成本降低,企业开始通过物流专业化服务来培育核心竞争力。此时,物流功能被独立出来,企业物流职能部门的地位逐步提高,前向物流一体化和后向物流一体化开始形成。在这一阶段中,还未形成完全一体化物流单位概念,一体化仅限于配送或是物料管理,企业未能将物流管理一体化。

4. 物流功能一体化

20世纪80年代以后,随着物流专业化程度的不断提高,企业开始将采购、储运、配送、物料管理等物流的每一个领域组合成一体化运作的组织单元,统一所有的物流功能和运作,形成企业内部一体化物流体系。这一阶段的组织将实际可操作的许多物流计划和运输功能归类为一个权利和责任下,对所有原材料和制成品的运输和储存进行战略管理,以使其对企业产生最大利益,此时的组织结构层次已经非常清楚。同时企业物流管理的内容由企业内部延伸到企业外部,其重点已经转移到对物流的战略研究上,企业开始超越现有的组织结构界限而注重外部关系,将供货商、分销商以及用户等纳入管理的范围,利用物流管理,建立和发展与供货商及用户稳定、良好、双方互助的合作伙伴关系。

5. 第三方物流服务形成

在物流组织的演变过程中,物流专业化程度和物流效率不断提高,企业成本下降,专业化经济效果明显,第三方物流在高水平的企业物流基础上应运而生。

一方面,高水平的企业物流使得企业内部的专业物流部门集成了主要的物流功能,物流专业化水平和效率大大提高,企业内专业物流部门不仅能满足本企业的物流需求,也有充足能力同时满足外部企业的物流需求,因此企业内部物流部门就可以独立出来,成为专门从事物流服务的第三方物流企业。

另一方面,第三方物流企业集成化、一体化和专业化的服务,使得工商企业的物流业务外包成为可能。工商企业将物流业务外包不但可以使自己的物流任务更好地完成,而且还可以集中精力发展自己的核心业务,提高企业的竞争优势,这就形成了第三方物流服务的需求市场。第三方物流服务市场具有潜力大、渐进性和高增长率的特征,使得大量不同背景的诸如仓储、运输、货代等"类物流"的企业发展成专业的第三方物流企业。

二、第三方物流企业的组织设计

(一)第三方物流企业组织设计的内容

第三方物流企业的组织设计内容是为企业设计清晰的组织结构、企业组织中的部门职能和职权范围,及编制部门的职责。第三方物流企业组织设计包括部门设计、层级设计、职权划分这三个方面。

第三方物流企业的组织设计

(1)部门设计。对组织活动进行横向分解。根据物流职能相似、物流活动相似或关系紧密的原则,将各个物流相关职务人员聚集在职能部门中,并确定职能部门的基本职能。然后根据每个职务人员所从事的工作性质的不同及职务间的区别和联系,明确每一位主管的职责与职权、管理幅度,以及各部门之间的工作关系。

(2)层级设计。对组织活动进行纵向分解。根据组织的管理幅度、管理纵深、组织层级的分工及其相互的关系,明确各个组织层级的职权划分、责任划分及影响管理层级划分,确定由上到下的指挥链,以及链上每一级的权责关系。

(3)职权划分。首先需要将总任务目标层层分解,分析并确定为完成组织任务需要哪些基本的职能与职务,然后设计和确定组织内从事具体管理工作所需的各类职能部门,以及各项管理职务的类别和数量。明确每位职务人员应具备的资格条件、应享有的权利范围和应负的职责。组织设计的结果一般通过组织结构图及职务说明书来描述。

(二)第三方物流企业组织设计的原则

(1)组织目标一致。第三方物流企业组织是为实现第三方物流企业的物流经营目标而创立的协作系统。共同的目标是组织建立和存在的客观基础,没有一致的目标,就不可能建立起组织,更不可能长久生存下去。只有确定明确一致的目标,第三方物流企业各个部门和全体员工才有合作的基础。

(2)分工明确。将企业的全部业务活动合理分配,严格明确每个人的职责范围是第三方物流企业组织设计的重要内容。分工的不明确将严重损害组织的效率,对每个员工的业务范围进行明确的分工是顺利完成组织任务的必经流程。

(3)权责对等。第三方物流企业组织中的每个部门和部门中的每个人员都有责任按照工作目标的要求保质保量地完成工作任务,同时也拥有相应的权利。职责与职权必须对等,有责无权或者有权无责,都势必会影响到整个组织系统的健康运行。

(4)有效性。第三方物流企业建立组织的目的是实现整体的高效率,因此有效性及其有效程度是衡量第三方物流企业组织的重要指标。组织机构设计是否合理,组织内的信息是否畅通,主管领导者能否对下属实施有效的管理,都反映了整个组织的有效与否。

(5)协调性。第三方物流组织中各职位的职责与具体任务要协调,不同职位的任务相互之间也要协调。物流管理中要做到各层次之间的纵向协调、物流系统各职能要素之间的横向协调和各部门之间的横向协调。

(三)影响第三方物流企业组织设计的因素

(1)环境因素。环境包括组织边界之外的所有因素,包括产业、政府、客户、供应商和金融机构等。环境的不确定性和差异性复杂且难以控制,这就需要第三方物流组织设计一个应变能力强的组织结构,以便更加灵活地应对多变的环境。

(2)企业发展战略。企业发展战略是决定和影响组织活动方向的总目标,以及实现这一目标的路径和方法,它对第三方物流企业的组织结构设计有非常重要的影响。不同的企业发展战略适用不同的组织结构。如成本导向型战略,就需要集权化的物流组织结构,而"差异化战略",采用分权化的组织形式可能更有效。

(3)组织规模。组织规模越大,组织复杂性程度越高,专业化和规范化程度也越高,反之亦然。很多中小物流企业在创业阶段,业务相对单一,职能部门设置简单,企业员工往往身兼数职。随着第三方物流企业的业务逐渐扩张,职能部门设置必须专业化和规范化。

(4)职能结构。物流职能结构必须与所支持的组织结构相一致,第三方物流企业的组织采取分散式管理,还是集中式管理,取决于第三方物流企业业务模块和业务范围。

三、第三方物流企业的基本组织形式

1. 直线型组织结构

直线型组织结构是一种最为简单的第三方物流企业的组织结构类型。第三方物流企业中的各种职务直线排列,各个组织层次的负责人都对被管理者拥有直接的一切职权,对所管理的部门有绝对控制权,如图4.1所示。这种组织结构在现在的第三方物流企业中已经很少采用。

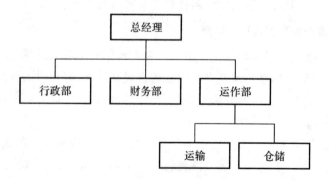

图 4.1 直线型组织结构图

2.职能型组织结构

职能型组织结构是第三方物流企业在组织中设置若干职能专门化的机构,组织内除直线主管外还相应地设立一些组织机构,分担某些物流职能管理的业务,如图4.2所示。

3.事业部型组织结构

事业部型组织结构也称为产品部式结构或战略经营单位。即按产品或地区设立事业部,每个事业部都有自己较完整的职能机构,事业部型具有集中决策、分散经营的特点,如图4.3所示。

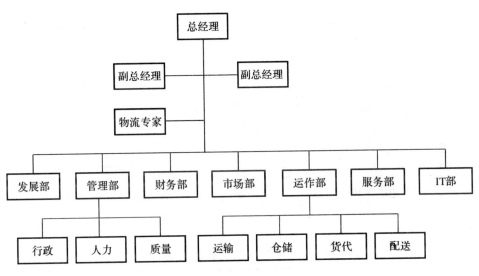

图4.2 职能型组织结构图

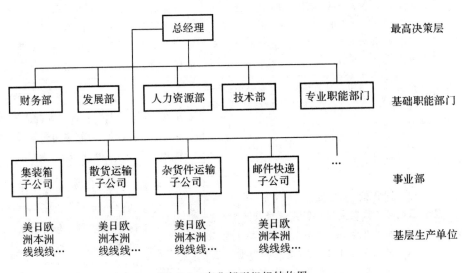

图4.3 事业部型组织结构图

4. 矩阵型组织结构

矩阵型组织结构由纵横两套管理系统组成,一套是纵向的职能管理系统,另一套是为完成某项任务而组成的横向项目系统。横向和纵向的职权具有平衡对等性,如图4.4所示。

5. 动态网络型组织结构

动态网络型组织结构,是一种基于契约关系的新型组织结构形式,即网络型组织,也称虚拟组织。动态网络型结构以契约关系的建立和维持为基础,依靠外部机构进行重要业务的经营活动,是第三方物流企业可行的选择,如图4.5所示。

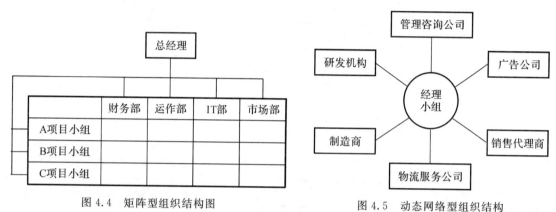

图4.4　矩阵型组织结构图　　　　　图4.5　动态网络型组织结构

不同的组织形式具有不同的优缺点,见表4.1。

表4.1　不同组织形式的优缺点

组织形式	优点	缺点
直线型	结构简洁,管理权集中,权责清楚,指令统一	企业的管理幅度和纵深度很小,增大了管理失误的可能性
职能型	能够充分发挥各职能机构的专业管理作用,提高了专业化的管理水平,同时减轻了高层管理者的责任压力,使其能专心致力于最主要的决策工作	各职能部门往往片面追求本部门的利益,部门之间缺乏交流合作,且矛盾冲突会增多,增加最高主管协调、统领全局的难度,加大完成任务的压力
事业部型	企业适应性和灵活性强,对市场有敏捷适应性,有利于调动各事业部的积极性,有利于总公司对各事业部的绩效进行考评,有利于组织的最高管理者致力于组织的战略决策和长期规划	每个事业部均有完备的职能部门,资源重复配置,管理费用较高,各事业部之间的相互支持与协调较困难,限制了组织资源的共享,容易出现各自为政的部门主义倾向
矩阵型	由不同背景、不同技能、不同专业知识所组成的项目人员为某个特定项目共同工作,可以取得专业化分工的好处,同时可以跨越各职能部门获取他们所需要的各种支持活动。易于发挥事业单位机构灵活的特点	组织中的信息和权力等资源不能共享,需要付出更多的组织成本。此外,项目成员需要接受双重领导,要求具备较好的人际、沟通能力和平衡协调矛盾的技能,成员之间还可能会存在任务分配不明确,权责不统一等问题,影响组织效率的发挥

续表

组织形式	优点	缺点
动态网络型	降低管理成本,提高管理效益;实现了全世界范围内供应链与销售环节的网络型组织结构;简化了机构和管理层次,实现了企业充分授权式的管理	可控性较差,组织的有效动作是通过与独立的供应商广泛而密切的合作来实现的,存在着道德风险和逆向选择,一旦组织所依存的外部资源出现问题,如质量问题、提价问题、及时交货问题等,组织将陷入非常被动的境地

任务二 第三方物流企业运作模式

一、第三方物流企业运作模式的定义与界定依据

(一)第三方物流企业运作模式的定义

第三方物流运作模式是指第三方物流企业为实现物流服务定位而建立的一整套运作体系,是实现物流服务的全过程中所设计的软、硬件等一系列环节和手段的结合。

(二)第三方物流企业运作模式的界定依据

对于物流服务供应者来说,整合物流资源是首要考虑的问题。物流资源整合、物流服务的模式决定了物流企业的运作模式,是区别于竞争对手的关键所在。经过细分,可以从资源整合、服务内容和服务范围三个要素来界定第三方物流企业的运作模式,如图4.6所示。

第三方物流企业的运作模式

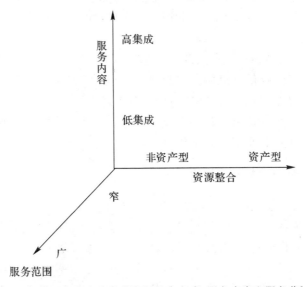

图4.6 第三方物流企业的资源整合方式、服务内容和服务范围

1. 资源整合

从资源整合的方式来看,第三方物流企业主要有两种,采用哪种方式没有绝对的标准,主要取决于企业的背景、投入能力、战略规划及宏观环境。

一种是不拥有固定资产,依靠组织协调外部资源进行运作的"非资产型"第三方物流企业。该类物流企业仅拥有少数必要的设备设施,基本上不进行大规模的固定资产投资,主要通过整合社会资源提供物流服务。该类第三方物流企业由于不需要大量投入资金,因此运作风险相对较小。这种方式在国外比较多,国外很多的第三方物流企业没有任何固定资产,但仍能提供较高水平的物流服务,因为它们底层的物流市场已经很成熟,社会资源容易获取而且选择余地较大。我国现阶段并没有一个成熟的底层物流市场,第三方物流拥有部分资产,可以强化自身的服务能力。

另一种是投资购买各种物流装备并建立自己物流网点的"资产型"第三方物流企业。该类物流企业自行投资建设服务网点和购买装备,并通过兼并重组或者建立战略联盟的方式获得或利用资源。虽然需要较大的资金投入,但拥有自己的服务网络与装备,有利于更好地控制物流服务过程,其柔性化能力和整体服务质量也有保证。雄厚的资产还能展示公司的实力,有利于同客户建立信任关系,对品牌推广和市场拓展有重要意义。

2. 服务内容

服务内容方面,第三方物流企业主要提供四个层次的物流服务。集成度最低的功能型物流服务是指诸如货代、运输、仓储与配送中的某一项或几项服务;增值型物流服务是在保证能够提供高水平的功能型物流服务的基础上,附加一些增值服务,替客户分担更多的非核心业务,增值服务没有固定的组成要素,不同的行业所需的增值服务也不尽相同;提供综合集成服务的物流企业,能够把供应链上的一段(如分销物流)或者整个供应链的物流活动高度集成、有效衔接,进行运作、管理和优化,为客户提供一种长期的、专业的、高效的物流服务;提供系统咨询与设计的物流企业,不仅具备运营和管理整个供应链的能力,而且能够利用专业、科学的物流知识为客户量身进行物流体系的规划、设计、整合和改进,全面提升运作效率和效益,提高客户服务水平和快速反应能力,更好地支持和服务于客户的可持续发展战略。

3. 服务范围

服务范围是指第三方物流企业所服务的行业范围。有些企业服务范围相对较窄、较集中,仅可为单一或者少数行业提供物流服务,如服装行业、农产品物流。另一些企业服务范围很广,可以为多个行业提供服务。另外,在成熟的物流市场上,第三方物流企业为了使自己具有竞争优势,通常将主营业定位在特定的一个或几个行业。因为不同的行业其物流运作模式是不同的,专注于特定行业可以形成行业优势,增强自身的竞争能力。

二、第三方物流企业运作模式的构建

第三方物流企业运作模式的构建可以分为以下几个步骤。

1. 明确物流服务定位

服务定位是第三方物流企业构建运作模式的前提,主要解决的是企业在物流市场上提供的物流服务种类问题,也就是企业的发展方向问题。市场定位不明确,运作模式的构建就是无源之水、无本之木。第三方物流企业在确定服务定位时,先要根据自身拥有的资源认真分析行业的发展状况,分析本地区、全国甚至世界经济及物流的现状和发展趋势,再对物流市场进行细分,找到企业自身的目标市场。该目标市场既要有目前需求,又要符合物流经济的长远发展趋势。这样企业才能既有盈利基础,又有足够的发展空间。比如:根据物流的特点对物流市场进行细分,提供运输、仓储、配送等基础性物流服务的单项服务或组合服务;提供一体化的物流服务,包括专项物流、供应链物流、准时物流和电子商务物流。

2. 推进物流网络化建设

健全完善的物流网络是第三方物流企业运作模式建设的关键。无论企业选择哪一个层次的物流服务,网络建设都是至关重要的问题,这是由物流作业本身的流动性、分散性等特点决定的。物流网络化主要包括两个方面:一是物流硬件网络,指由企业的物流中心、配送中心等节点,以及联系这些节点的运输线路所组成的物流网络。二是物流信息网络,指物流企业依靠现代信息、网络技术,建立的有关用户需求信息、市场动态、企业内部业务处理情况等信息共享的信息网络。

3. 实现物流作业规范化

物流服务的提供过程是物流企业调动各项资源,将各项物流活动(如订单处理、干线运输、流通加工、配送等)进行组织和协调的过程,它涉及多个部门、多项具体操作过程,需要众多人员的协调和配合,是一个紧密衔接、环环相扣的过程。因此,为了保证物流服务的准确、快速、安全、及时,保证物流服务过程的无缝连接和转换顺畅就是实现物流作业的规范化。物流企业应在对各项物流作业详尽分析的基础上,制定相应的标准,使物流作业实现作业流程、作业动作的标准化与程式化,使复杂的作业变成简单的、易于操作与考核的作业。这样在整个物流运作的过程中就能减少随意性,既便于衔接又能降低风险,从而切实保证物流服务的质量。

4. 保证物流服务水平均质化

物流服务水平的均质化是指针对同一类客户而言,物流企业在自己的任何一个网点所提供的服务都是一样的,即服务水平的一致性。这对于物流企业树立自身形象,在不同地区开拓市场,都有着十分重要的作用。因此,物流企业在建立运作模式的过程中,在对各个地区网络的建设、设备的购置等方面都要实行统一的标准,以实现物流服务水平的一致性。

总之,运作模式的建立是一个逐步积累和完善的过程,它具有长期性和复杂性,其间涉及物流资源的整合、物流网络的建设、人员的配置、物流作业的确定,以及业务流程的优化等诸多环节。因此,第三方物流企业在建设自己的运作模式时,先要根据市场定位统筹规划出一个完整和清晰的运作模式的框架,才能将运作模式建设好,并使其真正推动企业的发展。

我国第三方物流企业应根据实际情况,结合自身要素选择适合自己的网络模式。通过比较分析,第三方物流运作的主要模式应该是企业战略联盟模式、连锁经营模式和虚拟经营模式。

三、第三方物流企业运作模式的类型

(一)第三方物流企业战略联盟

1. 第三方物流企业战略联盟的定义

战略联盟,从资源集合体的角度界定,是指参与企业根据各自有资源的异质性,本着互利互惠的原则,结合资源的互补性,追求共同利益的行为。从本质上说,物流联盟就是通过"双赢"(即合作双方均受益),力图使作为整体的系统产生更高的效率。

第三方物流企业战略联盟是指两个或多个物流企业为实现特定的目标,达到比单独从事

物流活动所取得的更好效果,而形成的基于长期合作关系的、相互信任的物流伙伴关系。第三方物流企业战略联盟运作模式如图 4.7 所示。

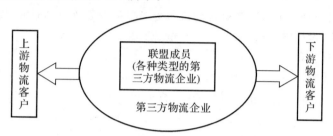

图 4.7　第三方物流企业战略联盟运作模式

2. 第三方物流企业战略联盟分类

第三方物流企业联盟包括多种形式:既包括强强对等企业之间的合作,也包括强弱企业、弱弱企业之间的合作;既包括非股权参与型的松散合作,也包括股权参与型的紧密合作;既有长期稳定的战略联盟,也有临时动态的物流联盟。按联盟内各企业的业务构成有以下合作方式:

(1)纵向合作经营。纵向合作经营是指参与合作的第三方物流企业,彼此之间不存在同质业务的市场竞争,与上下游第三方物流企业之间形成分工合作关系。其合作基础是物流业务互补前提下的资源共享。比如专门从事运输业务的企业与专门从事仓储业务的企业之间的合作。

(2)横向合作经营。横向合作经营是指彼此相互独立地从事相同物流业务的第三方物流企业之间的合作经营关系。其合作基础是地域市场划分前提下的资源共享。

(3)网络化合作经营。网络化合作经营是指参与合作的物流企业之间既有纵向合作也有横向合作的全方位合作经营模式。网络化合作经营是目前较常见的合作经营方式,一般不完全资产型第三方物流企业均采用这种合作方式。

3. 第三方物流企业建立战略联盟的实施过程

第三方物流企业战略联盟的建立实施是一个比较复杂的过程,战略联盟实施的过程需要考虑的因素很多,主要实施过程有四个阶段。

(1)企业战略联盟的分析和决策。第三方物流企业在合作伙伴拥有自身不具备的技术或专业优势,或并购存在的障碍过大(如并购对象实力很强、并购费用太高)的情况下会选择组建战略联盟。所以在组建战略联盟的初期是第三方物流企业对自身能力的评价阶段。

企业应先对其市场进行预测,以获取客户对第三方物流服务需求的趋势。同时通过对企业资源使用效率的调查,统计企业在未来一段时间内的服务供给能力,并对市场上具有相似资源的企业进行统计与分析。最终通过对第三方物流市场的判断决定企业是否要建立战略联盟。在组建企业战略联盟时,从计划、谈判到最终建立需要花费一定时间,同时联盟实现的时间并不是联盟协议签订的时间,这需要一个合作适应的过程。所以企业对战略联盟实现所跨越的时间必须事先有所准备。

(2)战略联盟模式的选择。决定建立战略联盟的同时,企业要对联盟的模式做出选择。由于第三方物流企业面对不同的市场类型决定着不同的竞争结构和竞争行为,这就要求企业在组建战略联盟时必须体现市场竞争的内在要求。

对于能够提供物流服务一体化功能的第三方物流企业,组建战略联盟的目的在于进入目标市场,这类企业会在价值链的下游为了稳定联合关系,控制联盟的市场行为和质量标准,选择建立股权式的战略联盟。其目标是通过整合来实现规模扩张及物流的网络化和规模化。

对于服务专业化第三方物流企业,其只能提供功能有限的专业化服务,在一个企业内部无法提供完整的物流一体化服务,必然要借助战略联盟,在整个市场内筹划布局,组织有效率的供应链。这类企业一般会选择在价值链的两端建立契约式的战略联盟。这样,不仅可以避免因内部化(通过收购、兼并或新建方式)给企业带来的巨大资金压力,同时可以实现资源共享、优势互补,从而有效地减少整个供应链上的成本,赢得市场主动权。

(3)寻求合适的联盟合作伙伴。在战略联盟发起企业确立联盟模式后,就要开始根据市场的情况、自己的经营情况选择联盟企业。联盟企业之间所拥有的资源具有互补或相似性,能使第三方物流企业联盟在竞争中占有优势。因此,第三方物流企业在建立战略联盟时必会选择与自身资源互补或相似的企业。首先根据企业日常业务往来情况,先在经常性合作企业中进行选择,比较了解的企业可以更好地与联盟企业进行初步的交流,然后可以针对目前业务发展趋势与相关的第三方物流企业进行交流沟通,在没有更合适的选择时,可以主动地向没有发生过业务关系的企业进行初步的交流。

在选择联盟企业时,成本和资源是决定因素,低廉的运输、分拆和再包装成本将直接影响战略联盟的经济效益。而现代化的仓储设施、高效的信息管理系统、供应链管理设计等资源将是高质量物流服务的保证。因此,联盟需要根据自身的需求决定吸收什么样的企业。同时这也是一个双向选择的过程,企业也会对联盟做出选择。

4. 战略联盟的执行与管理

利用现代通信技术建立信息、协调系统,能有效地提高第三方物流企业战略联盟的信息交流效率,降低交易成本。对于联盟来说需要建立以下几个职能中心:

(1)物流企业战略联盟快速反应中心。任何一个联盟企业都可以通过了解目前物流市场中的物流供给和需求的双方信息,根据自己的物流资源状况,实现从对市场机遇的分析开始到确定联盟目标结束的全过程。

(2)物流企业战略联盟实施动态中心。管理包括各种运输设备的状态分布,各种货源的分布信息和去向及网络库的分布等,目的在于提供物流信息,实现物流业务的贸易,同时也能解决目前大量空车的配载问题。从功能上实施信息的发布、查询和竞价交易过程。

(3)物流企业战略联盟组织运行机制规划及联盟成员管理中心。主要包括联盟机制的确立、任务的分配与协调、利益分配机制的制定、信息机制的设计及运作监督机制等。

(4)物流企业战略联盟风险管理及评估中心。在物流企业战略联盟开始正式运作之后,对联盟的运营效率进行考核,判断联盟是否取得预期的效果。

(5)物流企业战略联盟辅助服务中心。它为第三方物流企业提供商务管理信息、财务管理信息、统计管理信息和决策支持信息,力求准确地把握企业的市场方向、财务状况,提供详细的决策信息,让战略联盟企业能灵活地制定企业经营策略,实现企业发展战略目标。

5. 第三方物流企业战略联盟的优势与风险

(1)第三方物流企业战略联盟的优势。

1)市场共享。企业之间的竞争主要体现在对市场的竞争,一旦同业竞争者为了整体的竞争力,按各企业特点合理地进行市场划分,实现资源互补,合作体内每个企业独立开发的市场便是合作体内所有企业的市场。合作经营使这部分市场中的自由竞争被区域或业务能力市场合理划分所代替,合作体内的企业所获得的利润高于自由竞争的利润,合作体市场规模效应对想进入合作体市场的其他第三方物流企业起到一定的壁垒和威慑作用。

2)技术共享。合作体内的每个第三方物流企业都有自己的技术特点,合作经营的结果使得合作体内各种技术特点相互取长补短,形成了合作体共同的、比较全面的物流技术体系优势。既降低了每个企业的技术开发费用,又增强了企业的技术竞争力,扩大了企业的市场竞争范围。

3)业务能力共享。在合作体内部,当某一企业因季节性或临时性业务量较大时,可以花费合理而低廉的费用,使用合作体内其他第三方物流企业的业务资源,进而使合作体内部的投资更合理。例如,中国储运等物流企业基本上能系统化地满足物品投递到户以前诸多环节的物流配送,而投递到户则主要依靠各种零散的社会资源。

总之,物流运作联盟,合作经营,搭建信息共享平台,整合各企业的核心能力,可以扬长补短,优势互补。众多中小货运企业以合资、联营、连锁等多种方式建立或融入物流联盟,以此提高市场竞争力,求得多赢。但物流联盟运作的风险同样不能忽视,合作体系内外部环境的不确定性、复杂性,也会给合作企业带来一定的合作风险。

(2)第三方物流企业战略联盟的风险。

1)法律风险。关于合作的法律合同、文书,从设备到运作流程,从服务标准到服务质量,从价格到市场,都有十分完善和硬性的要求。如果权责不清,可能会引发合作体内的法律风险。

2)经营风险。合作经营伙伴若选择不当,各方在企业文化、合作目的、经营能力等方面差异较大,合作经营过程中便会表现出合作体内部矛盾冲突较多,物流系统总体运作能力不均衡,有可能造成合作各方不欢而散,合作经营失败,使参与合作的第三方物流企业蒙受损失。

6.第三方物流企业战略联盟风险防范对策

(1)在合同中明确和规范加盟者享有的权利和承担的责任,以此避免加盟者之间可能产生的法律纠纷,并保障加盟者各方的权益。

(2)慎重地选择合作经营伙伴,加强合作企业之间的沟通和协调,从而营造良好的合作氛围。

(3)加盟企业注重互利互惠,学习彼此的先进管理和经营经验,尽量保持和强化自身核心竞争力,同时又必须保持相对独立性,确保竞争中的平等地位,提升企业抗经营风险的能力。

(二)第三方物流企业连锁经营

1.连锁经营的定义

连锁经营是第三方物流企业在其业务涉及的主要城市建立连锁公司,负责对该城市和周围地区的物流业务,地区间各连锁店互相协作。

第三方物流企业连锁经营模式如图4.8所示。

2.连锁经营的模式

连锁经营有三种模式,即直营连锁经营、自由连锁经营、特许连锁经营。

(1)直营连锁经营。指同一资本所有,经营同类商品和服务,由同一个总部集中管理领导,共同进行经营活动的组织化的企业集团。

(2)自由连锁经营。指各加盟店在保留单个资本所有权的基础上实行联合,总部同加盟店之间只是协商、服务关系,集中订货和统一送货,统一制定销售策略,统一使用物流及信息设施。各加盟店不仅独立核算、自负盈亏、人事自主,而且在经营品种、经营方式、经营策略上占有很大的自主权。但要按销售额或毛利的一定比例向总部上缴加盟金及指导费。

(3)特许连锁经营。指主导企业把自己开发的商品、服务和营业的系统(包括商标、商号等有企业象征的经营技术、营业场所和区域),以经营合同的形式授予加盟店在规定区域的经销权和营业权。加盟店交纳一定的营业权使用费,承担规定的义务(美国商务部的定义)。

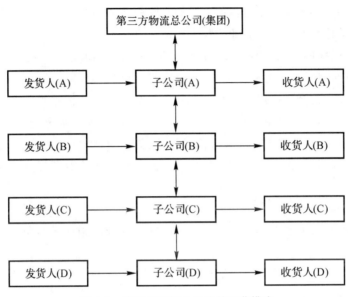

图4.8　第三方物流企业连锁经营模式

【知识链接】

连锁经营的发展

1859年,第一家颇具规模的连锁商店由乔治·F.吉尔曼和乔治·亨廷顿·哈特福特在纽约创办。

1865年,美国胜家缝纫机公司,首创连锁经营式分销网络,从此雄霸美国市场。

20世纪50年代,麦当劳、肯德基引入连锁经营体系,公司得到迅速发展的同时也完善了连锁经营业态。

20世纪六七十年代,连锁经营以其特有的生命力,冲破贸易保护主义的壁垒,从美国向世界各地蔓延。

1963年,日本成立了第一家连锁经营性质的连锁店——"不二家"西式糕点咖啡店,开始抛弃传统的直营式连锁经营业态。

20世纪70年代以后,日本的连锁经营以零售业和饮食业为中心迅速发展起来,并形成了自己的连锁经营体系。

从20世纪80年代开始,全球连锁经营飞速发展,美国几乎每6.5分钟就有一家连锁店开业;在马来西亚、新加坡等国,连锁经营已上升为这些国家的国策。

自由连锁经营和特许连锁经营,是适合我国第三方物流企业经营实现社会化、网络化的选择。利用特许连锁经营理论,在核心企业的主导下,把组织化程度较低的、分散的物流企业连接起来,以总部名义统一组织拓展市场,以加盟企业分散操作,达到物流集约化经营的目的。

3.物流连锁网络的定义和共赢机制

(1)物流连锁网络的定义。物流连锁网络是指物流加盟企业相互合作,共同控制、管理和改进从供应商到用户的物流和信息流的多个相互联系和依赖的"经济利益共同体"的网络。这个网络作为一个整体与其他物流企业或物流网络竞争。

(2)物流连锁网络的共赢机制。以供应链理论和特许连锁经营理论作为指导物流连锁网络构建的理论基础,以行业核心企业为主导,以资本为纽带,以各主要经营区域(或城市)的骨干公路运输企业按现代企业制度联合组建有共同战略目标的物流连锁企业实体,并在各地成立集团公司的子公司,子公司由当地的加盟企业运作;集团公司负责提供统一的物流服务商标、商号、标志,统一的运作模式和服务规范,特别是负责提供统一的基于Internet的物流信息平台,总部、子公司和货主都在一个统一的信息平台上运作物流业务,这就是物流连锁网络的共赢机制。

共赢机制的核心有三点:

1)利用社会零散物流资源,通过物流连锁运作提高整体运作效率和能力,这也是物流连锁网络的驱动力。

2)建立总部、加盟企业、货主共同受益的利益分配机制,使多方都有动力维护合作,共同建立紧密型战略合作伙伴关系。例如。各子公司以集团公司的名义开展揽货,并将所揽货源的至少1/3优先分配给加盟企业的返程车辆。总部对返程车辆运费提取30%,由总部、加盟企业、货主企业共同受益。

3)建立新的事故处理机制和责任追究制度,由总部统一对货主承担事故责任,而本质上仍是事故车辆所属加盟企业承担责任。这既没有增加也没有减少加盟企业的现有责任,但总部的对外承诺是提高信誉和揽货的基础。没有这一承诺,网络就没有可信度。

(三)第三方物流企业虚拟经营

1.企业虚拟经营

企业虚拟经营是指为完成某一项目,若干法律上独立的公司或自由职业者之间进行的有时间限制的合作。虚拟经营的组织商业目的达到后,该虚拟经营组织即行解体。虚拟组织不具有法人资格,也没有固定的组织层次和内部命令系统,而是一种开放的组织结构,因而可以在拥有充分信息的条件下,从众多的组织中通过竞争招标或自由选择等方式,精选出合作伙伴,迅速形成各专业领域中具有竞争优势的价值链。通过对外部资源的有效整合和利用,完成单个企业难以承担的市场功能。

2.第三方物流企业虚拟经营的定义

物流服务由于运作的复杂性,及单个物流企业的物流资源有限,某单一的物流服务提供商往往难以满足物流服务的全球化和综合化发展程度,难以实现物流运作整体的有效控制与管理,难以实现物流全过程的价值和经营行为的最优化,难以实现低成本、高质量的物流服务,也无法给客户带来较高的满意度。

所谓第三方物流企业虚拟经营,是指物流企业放弃企业自己不擅长的业务,把资源集中到自己的核心业务上来。从外部选择优秀的企业进入供应链,通过整合各成员企业的核心能力和资源,在一定区域形成较完善的多功能物流网络,满足客户需求,实现共赢目标。

3. 第三方物流企业虚拟经营成功的关键

从事虚拟经营的物流企业是由功能合理分配的、信息和运作一体化的、利益共享的,对于社会物流需求而言是整合众多原先物流各环节承担者所组成的物流共同体。从事虚拟经营的物流企业实质是供应链信息集成平台,它是以获取物流领域的规模化效益为纽带,以先进的信息技术为基础,以共享供应链的信息为目的而构建的物流企业动态联盟。第三方物流企业的虚拟经营成功的关键因素,一是必须拥有自身核心竞争力;二是慎重选择合作伙伴;三是努力减少摩擦,以"虚"务"实",逐步建立现代意义上的大型企业。

任务三 第三方物流企业业务流程

一、第三方物流企业业务流程概述

1. 第三方物流企业业务流程的概念

第三方物流企业的基本作业活动有存储、运输、包装、配送、客户服务及市场等环节。物流功能包括仓库管理、运输管理、订单处理、产品回收、搬运装卸、物流信息系统、产品安装装配、运送、报关、运输谈判等。第三方物流企业,根据合同条款规定的要求,提供多功能、全方位的物流服务。第三方物流企业一般控制运输设备、仓库等,可以提供全部的劳动力与管理服务,还可提供特殊服务,如存货管理、生产准备、组装/集运等。第三方物流作业联成一个整体,形成了物流企业的一般运作过程。物流企业接受客户(供应商或者需求商)的委托,签订物流服务合同,整合自身和客户的物流网络,按照要求将供应商的物资送到需求方手中。

2. 第三方物流企业业务流程的分类

第三方物流企业的业务流程可以划分为以下基本流程:客户关系管理流程、客户服务管理流程、需求管理流程、订单满足流程、采购流程、外包管理流程、技术开发流程,见表4.2。

表 4.2 第三方物流企业基本流程表

1	客户关系和服务管理流程	物流企业应注重供应链管理、保持与客户的长期关系,以客户满意程度的评估和提高为中心工作
2	需求管理流程	服务合同的管理和物流网络的整合
3	订单满足流程	包含订单接收、库存管理、配送等将物资送往需求方的过程
4	采购流程	服务对象的开发、进入物资的接收、管理、分拣包装等
5	外包管理流程	对部分物流功能外包给更具比较优势的企业去完成,内容包括外包合同的订立、外包服务的监控、自身物流功能与外包物流功能的接口与集成等
6	技术开发流程	为提高物流服务速度和效率进行的物流技术和信息系统的创新

二、第三方物流企业业务流程设计

1. 第三方物流企业业务流程设计的思路

第三方物流企业采取的运作模式不同,给企业带来不同的冲击。首先,第三方物流企业运作模式定位不准时,将导致业务无法做精做细,形成不了核心竞争力,造成服务水平低下和客户流失;第二,物流企业的不同特点决定了各自的业务流程,进而决定了适合的服务对象和服务内容。以下从三个方面提出第三方物流企业业务流程设计的思路。

(1)物流规划与设计。第三方物流企业进行物流业务流程设计时,物流规划与设计部门除了设计传统市场部门的主要功能,还应将第三方物流企业营销管理的范围拓展至全面的客户服务,从而有效地满足客户需求。即第三方物流企业在进行物流规划与设计时应充分考虑客户的实际需求,结合自身资源与社会资源,然后再决定采用何种业务运作方式,最后设计合适的第三方物流企业的业务流程。

(2)物流操作管理。第三方物流企业业务流程设计过程中,应加强物流业务操作管理。这样可以有效地解决由于企业内部信息纵向和横向沟通不够而导致的资源闲置和重复劳动问题。第三方物流企业要努力整合各部门资源,在为客户提供服务和资源调配的过程中,不断提高企业已有的操作资源以及操作能力,不断优化企业的业务流程。

(3)客户反馈管理。客户反馈管理机制设计,使得客户与第三方物流企业之间保持稳定的联系,从而最大限度地了解、反馈客户的要求,并及时针对客户反馈的要求进行协调。客户反馈管理机制的设计将使第三方物流企业整个业务流程有效地联结成一个循环系统,从而使第三方物流企业的物流服务得到企业各种资源的支持。

2. 第三方物流企业业务流程设计具备的条件

第三方物流企业业务流程设计需要拥有一定的基本条件,在企业实际运行过程中主要体现在以下几个方面:

(1)获得高层管理者的支持。第三方物流企业的物流流程设计是否成功很大程度上取决于高层管理者的支持。对于企业来说这是关系企业生存发展的重要举措。物流业务流程的设计好坏结果与企业效益息息相关,涉及企业中供、产、销等许多部门及相关人员的利益,这就需要企业的全体职工尤其是高层管理者树立正确的现代物流管理理念。高层管理者对各种资源的支持和部门之间的协调将会为物流业务流程再造创造有利条件。

(2)具有高度发达的信息技术。现代物流信息技术日新月异,各种物流及供应链管理软件如客户关系管理系统、货物跟踪系统和决策支撑系统等,是使物流相关信息及时传递和企业管理决策智能化的重要工具。对整个物流流程来说,相关物流信息系统是必不可少的,它贯穿于整个物流过程。因此,第三方物流企业只有具备了完善的物流信息系统,才能把物流业务流程中的各个环节连接起来,提高其运作效率。

(3)足够准确的物流数据支持。相关物流活动产生的数据能清晰地反映出物流业务流程是否合理,哪些业务流程需要改善。因此,第三方物流企业在进行业务流程设计时,必须要有足够准确的物流数据支持。而且物流数据的支持也决定了第三方物流企业对客户服务水平的高低,让物流数据来指导企业的工作。

(4)具有高效的流程衔接。有了物流信息技术和物流数据的大力支持,第三方物流企业还需要良好的物流业务流程衔接来推进物流业务流程再造。只有每一个物流流程衔接环节顺畅,才能确保整个物流流程通畅。可以利用信息集成来实现高效的流程衔接,例如在订单指令下达后,就要进入采购作业环节,采购回来的物料进入到库存作业环节,仓库管理部门必须提供足够的库位来存放物料并供生产所需。因此,物流业务流程衔接良好,物流效率就会得到提高。

(5)拥有优质的人力资源支持。物流业务流程需要人来实施,因此第三方物流企业的业务流程设计能否被企业员工所接受并愿意付诸实施,决定了企业战略目标能否实现这一根本性问题。第三方物流企业可以根据实际情况,综合运用多种激励机制,把激励的手段和目的结合起来,改变思维模式,逐步建立起适应企业特色、时代特点和员工需求的开放的激励体系。

三、第三方物流企业业务流程

由于现代物流内涵和外延的进一步拓展,第三方物流业务范围也日趋扩大,已经不仅仅局限于单纯的运输或仓储,最明显的特征是在物流供应链中增加了一系列诸如包装、配送等增值服务环节。现代第三方物流企业主要有以下业务,如图4.9所示。

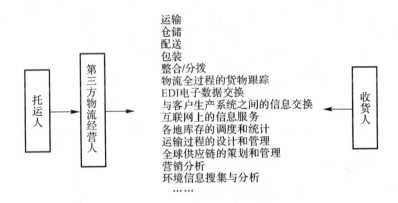

图 4.9 现代第三方物流服务系统图

比较美国和欧洲等第三方物流较发达国家和地区,可以看出运输和仓储是第三方物流公司最常进行的业务。下面以订单、运输、仓储和配送业务流程为主线,讲述物流各个环节业务,控制物流服务的全过程。

(一)订单业务流程

订单处理是第三方物流公司物流业务的开始,同样也是保障服务质量的一种手段。订单业务以单证处理形式贯穿于整个物流供应链各环节,将各业务环节联系起来。订单业务流程一定程度上反映了整个物流的业务流程。托运人向第三方物流服务商托运货物时一般采用纸面或网络传输的方式。通常是收货人或发货人,或者其代理商向物流公司托运货物。根据托运人提供的货物描述及其要求,物流公司会合理安排物流服务。由此可见,订单处理系统的当事人包括物流公司、托运人、分包商、收货人。在接到客户订单后,第三方物流公司将进行以下工作。

(1)检查订单的有效性,确认订单信息安全。
(2)请求信用部门对客户的资信状况进行审查。

(3)根据客户信用状况,申请营销人员对其进行营销分析。
(4)申请会计人员对相关往来账目进行记录。
(5)根据货物及客户要求,对物流服务进行设计。
(6)同各个物流分包商联系、委派任务。
第三方物流企业订单业务流程如图 4.10 所示。

(二)运输业务流程

运输是对货物实现空间上的转移。为克服货物收发货地之间的空间距离,创造货物的空间效益,物流系统需要依靠运输服务。国际货物运输具有路线长、环节多、涉及面广、手续复杂、风险性大、时间性强等特点。第三方物流企业最经常选择的跨国运输方式通常是多式联运。运输业务一般包括接单、发运、到站及签收四个流程,在发运和到站过程之间可能会存在短驳或中转。第三方物流运输业务流程图如图 4.11 所示。

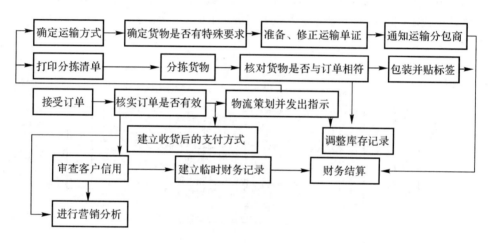

图 4.10 第三方物流企业订单业务流程

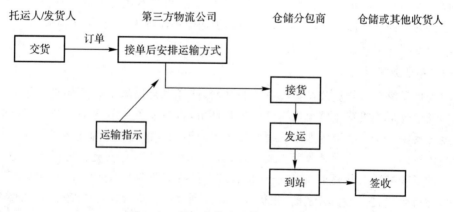

图 4.11 第三方物流运输业务流程图

(1)接单管理。配送、拆装等增值服务是物流业务中的重要服务,为了保证货物配送时不丢失,就必须先获得明细信息。因此,在物流接单环节,除了一般的货运信息,货物明细信息的维护功能也十分重要。

（2）发运管理。在发运环节，除了货物本身的发运信息，还需要对集装箱箱号、承运人、运输工具等信息进行记录，当货物在运输途中出现例如货差、货损等意外时，就可以根据记录信息进行责任管理。

（3）到站管理。在到站管理中，正常的到站信息、异常的到站信息以及原因和所造成的经济损失等也应该被记录下来。

（4）签收管理。签收管理包括正常签收管理、异常签收管理。

（5）运输过程中的单证管理。单证管理应包括装箱单、关单、联运提单、海运提单等。

(三)仓储业务流程

仓储管理包括入库管理、在库管理和出库管理三大模块。在库管理是指对库中作业进行管理，包括货物拆卸、再加工、包装、库中调配等物流服务。为了得出准确的库存结存量，需要对出入库货物数量进行计算。此外，还应根据物流订单信息对库存进行预测。第三方物流企业仓储业务流程如图4.12所示。

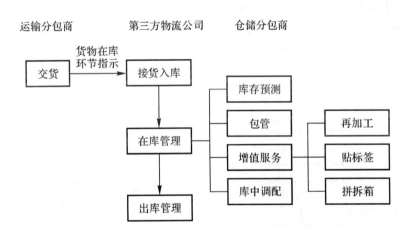

图4.12 第三方物流企业仓储业务流程

（1）入库管理。首先进行进仓排位，安排每单进仓货物的存放位置。在入库环节，主要工作是采集入库货物信息，包括一般货物信息、异常入库信息，比如入库残损、入库拒收等情况。

（2）在库管理。在库管理的主要工作是针对客户需求，进行分拣理货、配货作业、拆箱拼箱、再包装等增值服务，并需要同时对每次服务的账目情况进行记录，按照货主要求及时完成货物的搭配，出库货物库存位置变动的情况也要进行管理。

（3）出库管理。出货原则一般是先进先出。在提货过程中要对出库货物进行信息采集，包括货物信息、异常出库信息、货物的去向、承运人、提货人等。

（4）预测分析。对产品生命周期、市场走向等行业信息进行采集与分析，能够帮助公司对市场动态进行预测，对替代行业及可能出现的现象进行分析并做出库存计划。

（5）盘点管理。盘点管理，不仅要全面盘点，还要对部分货物品种进行抽点。通过盘点管理，能够获得各种货物是否需要重包装、货物破损等情况，还能够获得实际仓位图，了解仓库的使用情况，并协助库管员进行货物出入库管理。

(四)配送业务流程

第三方物流配送的最终目标是把客户所订的货物送到客户手中。不同公司间的管理模式、具体经营决策过程、作业流程有很多区别。但是,总体来说,配送的基本作业流程大致相同。第三方物流配送业务流程如图4.13所示。

(1)订单处理。整个配送中心业务和信息系统中数据的录入都是从订单处理开始的。一般情况下,客户的有效服务请求被配送中心接受后,配送工作才能继续开展。系统是订单接收的主要实现形式,除此之外接收订单还可以通过电话、传真等其他手段来完成,但在这种情况下订单信息需要人工来录入。

(2)身份验证。验证客户的身份是在系统接收到订单的同时系统完成的,为其提供服务必须在身份验证通过后,否则便需要进一步与客户沟通,请其对注册信息进行修正。

(3)分类整理信息。来源不同的客户,对服务有着不同的要求。比如销售海鲜产品的客户对于运输配送和存储条件的要求极其苛刻,因此要求服务过程中必须提供冷冻冷藏的功能。销售服装的客户对库存成本比较敏感,因此要求服务过程中能够实现多批次少批量。

另外,公司有时要对配送的货物的数量、种类、付款方式、运输方式等进行分类整理。

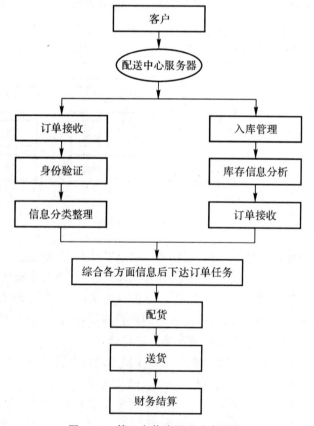

图4.13 第三方物流配送业务流程

(4)库存管理。对各个库存商品的现状而进行的跟踪调查和全面管理被称为库存管理,库存管理主要包括入库管理、库存盘点和出库管理。

(5)配货处理。对客户的订单进行系统的处理是配货系统的功能,这种处理系统介于订单处理和库存处理之间。系统进行配货处理要根据订单的要求,还要结合库存的状况,并且相应地传递处理结果。货物的包装、清点、整理、分类是配货处理的主要作业。

(6)送货处理。送货处理是系统处理工作之一,因为分布在不同区域的客户是配送公司的主要服务对象。

(7)财务结算。配送企业进行财务结算的计算方式与其他交易一样,通常都是配送企业定期凭借配送单据在银行设立专门的账户,最后将款项通过网络或其他方式划至中心账户。

(8)决策分析。让企业以最小的成本完成相应的配送任务,获取最大的利润是决策分析的根本目的。决策分析包括车辆的调度、库存量的决策、配送站点的决策等。

任务四 第三方物流企业物流服务营销策略

一、物流服务营销的定义与特征

1. 定义

物流服务营销是物流企业为了有效满足客户物流需求而系统地提供服务概念、服务方案、服务行为并为客户创造利益和价值的过程。物流服务营销是物流必不可少的环节,是市场营销的组成部分,是市场营销在物流领域的具体应用和发展。物流营销包括物流市场调研、物流市场细分、物流服务设计、目标客户开发、营销计划制订、服务质量控制、营销绩效评估等环节,需要完成相应的调查报告或计划制订、方案设计。

2. 特征

(1)不可存储性。企业在为客户服务以后,服务活动就随之结束,不可存储,因此就会碰到两个问题,一个是如果客户购买了劣质服务通常不能退还,另一个是企业也不能像商品生产者一样,将淡季生产的商品存储起来待价格提高或旺季再来销售,而必须时刻保持足够的生产能力,随时准备服务客户。

(2)不可分离性。服务本身不是一个事物商品,商品可在生产和消费之间的一段时间存在,并可以在市场流通,而服务却完全不同,准确地说,服务是一系列活动或者过程,即服务的生产过程与消费过程同时进行,企业给客户提供服务时,也是客户消费服务的时刻,在时间点上两者不能分离。所以服务营销的管理不能只停留在企业员工服务生产的管理,还应把客户参与这一部分也纳入管理的范畴。只有妥善引导和管理好服务生产和客户参与这两个方面,才能提升企业与客户的关系,确保提供上乘的服务。

(3)无形性。商品是实实在在具有外形、重量、体积和颜色系列特征的实物,但是服务主要体现在活动形式,作为企业,必须认识到客户不能从无形中判断服务的好坏及效果,作为服务的提供方一定要通过服务介绍或者承诺来展现给客户,最终引导并促使客户购买。

(4)差异性。由于人的个性存在,即使同一位服务人员为不同的客户提供的服务也是存在差异的,不能始终统一,其质量水平会经常变化,没有一个统一的界定和标准。所以往往造成在服务过程中某一项服务不佳,客户就会默认为整个企业所提供的产品或者服务都是低水平的。企业一定要特别注意客户这种因为服务品质差异化的问题造成的片面判断给企业产品的营销带来的负面的影响。

二、物流服务营销的意义

1. 提高营销能力

在市场竞争日益激烈的"买方市场",物流企业应以市场为导向,重视客户的需求,加强企业的服务意识,有效地收集客户需求、产品状况等方面的信息,使物流企业目标明确,提高资源配置能力,最大限度地满足客户的需要,实现企业的营销目标。

2. 规避运营风险

随着物流领域的快速发展,其设备、信息系统、人力成本等投入逐步提高,加之客户市场的不确定性和复杂性,物流运营存在巨大风险。物流服务营销可以实现资源优化配置和新老客户资源的有效控制,以增加竞争力。

3. 降低运行成本

物流服务营销能够显著降低交易成本,主要是因为其主体是由诸多节点和线路组成的网络体系,使原来点和点、要素和要素之间偶然的、随机的关系变成了网络成员之间的稳定的、紧密的联系。首先,从交易过程看,物流服务营销有助于减少物流合作伙伴之间的相关交叉交易费用;其次,精心策划的物流服务营销计划,可以最大限度地减少库存,改善需求企业的现金流量,实现成本优势;最后,高效的服务水准,将提高客户的满意度并提升企业的市场占有率,从而减少市场开拓的费用支出。

4. 提升业务水平

物流服务营销可以更好地处理信息,更好地分析所获得的市场信息、客户信息。分析物流市场情况,有利于进行内部管理、资源配置,提高服务质量,增加物流灵敏性,达到及时、优质地配送货物。

5. 提升品牌形象

企业应以客户为服务中心,与客户建立战略伙伴关系。企业的运送网络和服务将大大缩短交货期,帮助客户改进服务,树立自己的企业形象。企业通过"量身定做"的服务设计,制定出以客户需求为导向、高效益的物流方案,使客户利益最大化,也为企业竞争创造了良好的条件。

三、物流服务营销策略及策略组合

(一)物流营销策略

目前第三方物流营销策略主要采用"4Ps"营销组合理论。"4Ps"营销组合理论是麦卡锡以"市场为导向"提出的理论,即产品(Product)策略、价格(Price)策略、渠道(Place)策略和促销(Promotion)策略。对于第三方物流企业来讲,每一个"P"代表着特定变量,"4Ps"组合为第三方物流企业提供了一个简捷和易于操作的模型。

当然,这一理论主要是从企业自身的角度出发去看待问题,它忽略了市场中客户的重要性。市场竞争日趋激烈的今天,客户个性化日益突出,如何有效地了解客户需求,以"顾客为中心"的服务理念成为市场竞争中取胜的重要法宝,其中以"4Cs"营销策略最具代表性。"4Cs"理论,即顾客(Customer)、成本(Cost)、便利(Convenience)、沟通(Communication)。这一理论更加注重以客户为导向,通过满足客户对产品、服务的需求来达到赢得市场的目的。

但是,在了解了第三方物流的服务性和服务营销的必要性及意义之后,作为具有特殊性质的服务提供方,不应当将物流方案局限于传统的"4Ps"和"4Cs"上,应该在此基础上从实践中综合各种长处,进行新的尝试。要以"4Cs"为战略导向,以"4Ps"为策略实施模式,用权变的理念来指导物流营销的实践。

(二)服务营销策略选择与组合

1. 市场开发策略

市场开发策略的重心在于消费者的需求,即改进自身的产品——物流服务。首先,物流企业要了解、研究、分析客户的现状、行为和需求,应争取做到有目的地开发物流市场。其次,对客户进行分析,要与企业的发展方向、能力和资源结构相一致,并在此基础上分析客户外包物流服务的动机及所需要的优先利益,展示物流资源系统的核心能力,赢得客户的信任。再次,物流服务要有所突破,尽可能深入客户企业销售计划、库存管理、订货计划、生产计划等整个经营过程,使客户形成稳定的物流需求依赖,提高转换供应商的成本,促进合作的进一步深入,形成服务营销优势并保证企业客户份额的稳定性、积累性和发展性。

2. 关系营销策略

市场营销观念是企业进行经营活动的基本指导思想,对企业的市场经营活动起着导向作用。企业能否树立与营销环境及方式相适应的营销观念,直接关系到企业的成败。在服务企业中引入关系营销,是顺应市场环境变化和顾客要求的一种适应和变革,是对一种全新的经营管理方式的应用。关系营销是指服务企业通过建立、保持并增进与顾客和其他参与者之间的关系,以实现长期发展目标的一种新型的营销观念和方式。关系营销的实质是企业与顾客建立、保持长期稳定的关系。关系营销强调顾客忠诚度,保持老顾客比吸引新顾客更重要。根据美国消费者协会近几年所做的一项调研发现,高度满意与忠诚的顾客至少向5个人推荐产品,而对产品不满意的顾客将告诉其他12个人。同时有调查显示,开发一个新顾客成本是维护一个老顾客的3至5倍,从某种意义上讲,关系营销就是在降低运营成本。物流企业要想在市场竞争中获得竞争优势,就必须注重同顾客的关系,实施关系营销策略。

3. 提高反应速度策略

提升物流企业市场竞争力,提高自身的服务质量是个关键点,对客户的想法、需求,企业要及时给予回复和反应,要学会"换位思考",站在客户的角度去做出有效的反应,满足客户的需求。市场的竞争加剧使客户对物流的需求越来越大,质量要求也会越来越高,这就要求第三方物流企业有很强的快速反应能力。第三方物流企业面对买方市场时,不是储备"产品",而是准备"要素",在客户提出要求时,能快速抽取"要素",及时"组装",提供所需服务或产品。快速反应能力直接关系到第三方物流企业能否及时有效地满足客户的服务需求,能否做到快速反应,是企业能否在市场竞争中占据有利位置的保证。比如有些物流公司,让客户在各自的物流信息系统中能实时看到全国各地仓库最新进出仓和库存数据,作业过程完全透明化,使客户得到有效的监控和快速反应。

4. 个性化服务策略

随着市场竞争的日益激烈,企业的生产经营已逐渐从少品种、大批量为特征的大众营销阶段转向以多品种、小批量为特征的差异化营销阶段,讲求以市场为导向。这种趋势反映在第三方物流企业中,就要以个性化的服务来适应市场的需求。

企业应为重要客户提供个性化、定制化的产品或服务,为客户创造性地设计各种交易结构,甚至进行专有性的投资,实现客户的物流供应链管理,体现出客户服务的渗透性和客户关系的忠诚性。如针对客户(独资或合资企业)的状况,提出"咨询式销售"的服务,即从为特定客户提供物流咨询服务入手,深入到企业内部,为企业提供全套物流解决方案,帮助企业整合业务流程和供应链上下游,进而提供仓储、配送等配套服务。

5. 成本控制策略

成本控制策略要求考虑客户支付成本。降低成本是企业物流决策的重点,物流服务交易的实现依赖于物流服务价格与客户的支付意愿。首先,物流企业要了解客户为满足物流需要而愿意付出的成本后再为其服务定价。应该考虑到物流企业所产生的效益具有共享性,即物流企业的利润是客户效益中的一部分。其次,物流企业应该从专业的视角替客户做成本分析,提出降低成本或提供更为高效和专业化服务的措施,提升客户对企业物流的满意度。再次,强化物流企业内部管理。物流管理强调的是系统优化,企业在内部管理上也应从系统的高度着眼,向集约化、标准化、科学化等方向发展。

6. 权变的市场策略

变化是市场的基本特征,物流市场环境始终处于变化之中。随着社会的快速进步,经济迅猛发展,市场竞争将越发剧烈,要获得物流企业生存和未来成长的保障,就必须适应客户需求和外界环境的变化,调整自己的策略。物流和许多关联因素存在着的相关性。如产品策略、定价策略、促销活动和渠道等对物流的影响。由于产品独特的生命周期,及市场需求特点、顾客差异性等因素,导致企业在市场地位、销售额和市场需求等方面存在着差异,这就要求对不同的变化因子制定差异化的策略,从而能够满足各种不同市场需求,适应市场的变化,在激烈的市场竞争中取得优势地位。针对市场的变化,物流企业要处理好自身、竞争对手及客户三者的关系。

【项目小节】

本项目讲解了第三方物流企业的组织结构设计、运行模式、运作流程以及第三方物流企业物流服务营销策略。旨在使学生深入了解物流企业的运营方式。

【技能训练】

为了解第三方物流企业的运营,全班同学分成若干小组,每组成立各自的物流公司,进行模拟运营。

(1)设计本组物流企业的组织结构,每个人分配相应的角色,并绘制相应的组织结构图。

(2)设计运作模式及运作流程。

(3)列举本公司采取的物流服务营销策略。

最后以PPT形式进行汇报,教师进行点评。

【同步测试】

一、单选题

1.(　　)是指将第三方物流企业的全部业务活动加以合理分配,严格明确每个人的职责范围,是第三方物流企业组织设计的重要内容。

A. 组织目标　　　　B. 分工明确　　　　C. 权责对等　　　　D. 岗位划分

2. 各加盟店在保留单个资本所有权的基础上实行联合,总部同加盟店之间只是协商、服务关系,集中订货和统一送货,统一制定销售策略,统一使用物流及信息设施。各加盟店不仅独立核算、自负盈亏、人事自主,而且在经营品种、经营方式、经营策略上占有很大的自主权。但要按销售额或毛利的一定比例向总部上缴加盟金及指导费。以上是指(　　)形式。

　　A. 直营连锁经营　　　　　　　　　　B. 自由连锁经营
　　C. 特许连锁经营　　　　　　　　　　D. 网络连锁经营

3. 市场开发策略的重心在于(　　)。
　　A. 市场调研　　　B. 市场开拓　　　C. 市场竞争　　　D. 消费者需求

4. 整个配送中心业务的开始和信息系统中数据都是从(　　)开始的。
　　A. 订单处理　　　B. 身份验证　　　C. 分类整理信息　　　D. 库存管理

5. (　　)是指第三方物流企业在组织中设置若干职能专门化的机构,组织内除直线主管外还相应地设立一些组织机构,分担某些物流职能管理的业务。
　　A. 直线型组织结构　　　　　　　　　B. 矩阵式组织结构
　　C. 职能型组织结构　　　　　　　　　D. 事业部型组织结构

二、多选题

1. 第三方物流企业组织设计包括(　　)。
　　A. 部门设计　　　B. 层级设计　　　C. 人员分配　　　D. 职权划分

2. 第三方物流企业运作模式的构建可以分为(　　)。
　　A. 明确物流服务定位　　　　　　　　B. 推进物流网络化建设
　　C. 实现物流作业规范化　　　　　　　D. 保证物流服务水平均质化

3. 第三方物流企业战略联盟可分为(　　)。
　　A. 纵向合作经营　　　　　　　　　　B. 横向合作经营
　　C. 网络化合作经营　　　　　　　　　D. 虚拟合作经营

4. 第三方物流企业运作流程包括(　　)。
　　A. 客户关系管理流程　　　　　　　　B. 需求管理流程
　　C. 订单满足流程　　　　　　　　　　D. 技术开发流程

5. 第三方物流企业业务流程设计的思路是(　　)。
　　A. 物流需求设计　　　　　　　　　　B. 物流规划与设计
　　C. 物流操作管理　　　　　　　　　　D. 客户反馈管理

三、简答题

1. 比较分析不同的组织结构形式的优缺点。
2. 我国第三方物流企业的运作模式有哪些?
3. 怎样理解第三方物流企业的虚拟经营?
4. 物流服务营销对于企业有什么意义?

四、案例分析题

广州安泰达物流有限公司是供应链战略合作的股权式物流联盟,其以第三方物流机构为中心,由家电行业中的多家企业投资入股构建,"安泰达"在家电生产企业与物流服务商之间构建了家电物流平台。同一行业的家电企业存在相似的物流需求,有利于第三方物流机构集中社会分散的物流获得规模经济,提高物流效率,减少社会物流资源的浪费。两大家电企业科龙集团和小天鹅股份有限公司是其创建之时的初始股东。随后"长虹"和"美菱"入股"安泰达"。"安泰达"因此有了大量的业务来源,同时具有集中各股东资源的优势,利用先进的管理方法和信息技术,达到物流流程的优化,进而节约总体物流成本和提高物流服务的水平。"安泰达"自接手科龙集团的物流业务后,使其运输价格整体下降了9.6个百分点,仅此一项,每年为"科龙"节省运输费用上千万元。

安泰达物流有限公司的物流联盟有哪些优势,这种方式有可能带来哪些风险?

项目五　第三方物流企业绩效评价

【知识目标】

了解第三方物流企业绩效评价的概念、评价标准和实施步骤。

掌握第三方物流企业绩效评价指标选取的原则。

熟悉第三方物流企业绩效评价指标体系的内容。

【技能目标】

掌握第三方物流企业关键绩效指标的制订与管理。

掌握第三方物流企业绩效评价方法。

【案例导入】

侨泰兴业股份有限公司有感于商品流通成本日渐提高,商业自动化大势所趋,基于本身需求决定投资建立专业配送体系。历经三年的精心规划及筹备,研究并吸取美、日等先进国家的配销及后勤系统,以及引进先进的冷冻厂房营造技术,侨泰兴业公司终于在桃园县杨梅幼狮工业区内营建第一个物流配销中心。该中心占地21 000多平方米,高度13米,另外还营建占地10 000多平方米的低温配销中心一座(高速公路交通道旁)。该公司希望以最新颖、最现代化的立体仓储设备,以最节省人力的机具设备,加上本土化的管理系统,再以最适当的经济投资规模和成本,配合本身自主研发的全功能信息系统辅助作业,提供高效率、低成本的完整配送服务。

营运第一年,该公司即发现原规划营运方向及发展策略均需调整,且深感资金投入巨大难以支撑,遂开放股份邀请农林公司加入投资经营。台湾农林公司着眼于集团投资多元化及远景颇佳之预期,大力支持侨泰兴业公司,于是办理减资再增资改善侨泰兴业公司财务结构,提升了侨泰兴业公司的竞争能力,侨泰兴业公司也得以全力关注于业务的开拓与经营管理上。

(资料来源:http://ishare.iask.sina.com.cn/f/3X3lgK4SYB.html)

思考: 如何评价侨泰兴业股份有限公司的绩效?

任务一　第三方物流企业绩效评价概述

一、第三方物流企业绩效评价的定义与作用

(一)第三方物流企业绩效评价的定义

第三方物流企业绩效评价是运用数理统计和运筹学的方法,采用特定的指标体系,对照一定的评价标准,按照一定的程序,通过定量、定性分析,对一定经营期间内的物流经营效益和经营者的物流业绩,做出客观、公正和准确的综合评价。第三方物流企业绩效评价是对第三方物

流企业的业绩和效率的一种事前的控制与指导及事后评估与度量,从而判断完成预定的任务、完成的水平、取得的效益和所付出的代价情况。

【知识链接】

内部绩效评价和外部绩效评价

第三方物流企业绩效评价一般可分为内部绩效评价和外部绩效评价两部分。内部绩效评价是自身的基础性评价(如运输、仓储、加工、包装等的评价)。根据内部评价才可以确认对客户的服务水平、服务能力和满足客户要求的最大限度,做到既不失去客户,又不因为过分满足客户要求而损害企业的利益。物流企业的外部绩效评价具有客观性,常采用的方法主要有两个:一个是顾客评价,可以采用问卷调查、专家系统、顾客座谈等形式进行这种评价,也可以采取选择模拟的或者实际的"标杆"进行对照、对比性的评价;另一个是采用计算机模拟技术,用虚拟现实的方法,可以对物流系统总体做出有效而准确的绩效评价。随着物流理论的不断发展和物流实践的不断深入,越来越多的国内物流企业开始重视绩效评价,试图建立起自己的一套绩效评价体系。然而在我国,物流企业作为新兴的企业,其经营方法还处于探索阶段,绩效评价体系尚不完善。

(二)第三方物流企业绩效评价的作用

开展绩效评价能够正确判断企业的实际经营水平,评价企业经营成果,促进企业改善管理,引导企业的经营行为,提高经营水平,合理运用物流资源(人力、设施、装备、资金)并且向客户提供不低于协议服务水平的服务,从而提高企业竞争力。开展绩效评价能够揭示企业内在价值、提供投资决策的依据;通过评价结果的对比分析,可以反映出企业在同行业的地位,还可以用具体的指标值对比分析,发现企业存在的差距和问题,企业投资者、管理者和社会公众都可以依据企业经营绩效评价结果做出投资决策。

【知识链接】

正式物流绩效评价和非正式物流绩效评价

国内外第三方物流企业的绩效评价大体上可以分为正式和非正式两种情况:正式的物流绩效评价具有明确的绩效评价目标、周密的计划,即一套完整的体系和程序;非正式的物流绩效评价则是无计划的,只是几个管理人员对某项或某些指标进行评价。经济发达国家的第三方物流企业进行绩效评价时都有一套正式的、较为完整的、科学的物流绩效评价体系。我国也有越来越多的第三方物流企业开始重视物流绩效的评价和管理,并建立了自己的评价体系。

二、第三方物流企业绩效评价标准

第三方物流企业绩效评价标准随系统定义范围(各种功能领域如生产、分配、运输、保管和供货商的选择等)、不同领域的物流功能要求、定量评价及定义系统的能力不同而不同。合理的绩效评价标准通常非常清晰、简单、易理解,它能反映具体业务活动中重要的工作状况,既包括经济指标也包括非经济指标。第三方物流企业绩效评价标准主要分为以下几个方面。

1. 历史标准

历史标准是一种纵向比较,是以企业以前年度的绩效状况作为衡量标准。它是一种自身最优判断方法,可以进行企业自身的纵向比较。历史标准的评价结果缺乏行业间的可比性,通常在企业自行评价时利用。

2. 客观(行业)标准

客观(行业)标准是一种横向比较,将本企业各项绩效与行业标准或优秀企业绩效对比,从而判断出企业在市场中所处位置,找出自身不足并加以改进,不断提高自身市场竞争力和地位。这种方法可以将企业不可控的经济环境变动影响排除在外,更能客观体现企业外部经营绩效。但是忽视了企业所处发展阶段,抹杀了企业独特战略,产生盲目的企业跟从思想。

3. 预算标准

预算标准是指以事先制定的年度预算和预期达到的目标作为评价标准。以预算为基础,通过比较实际绩效和预算绩效,反映企业经营者努力情况,产生企业经营激励效应。但在变化的经营环境下,预算很难面面俱到,另外评价过程中还存在外界因素影响,因此预算标准主观性较大,人为因素较强。

4. 客户要求标准

客户是企业生存的关键、利润的保障。为了提高客户满意程度,并建立良好的合作伙伴关系,物流企业必须努力使自身服务水平满足客户要求。通过比较可以了解企业业绩水平是否达到客户要求,其结果可作为今后计划和努力的方向。

三、第三方物流企业绩效评价的实施步骤

第三方物流企业绩效评价的实施步骤一般为确定评价工作实施机构、制订评价工作方案、收集并整理评价数据资料、评价计分、评价结论、撰写评价报告、撰写评价工作总结 7 个步骤,如图 5.1 所示。

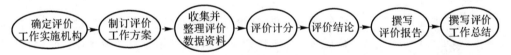

图 5.1　第三方物流企业绩效评价的实施步骤

1. 确定评价工作实施机构

(1)绩效评价组织机构。绩效评价组织机构指的是直接组织实施绩效评价的机构,负责成立评价工作组,并选聘有关专家组成专家咨询组。如果委托社会中介机构实施评价,应先同选定的中介机构签订委托书,然后由中介机构成立评价工作组及专家咨询组。无论谁来组织实施评价,对工作组和专家咨询组的任务和要求应予以明确。

(2)参加评价工作的成员应具备的基本条件。

1)具有较丰富的物流管理、财务会计、资产管理、法律及一定的工程技术等专业知识。

2)熟悉物流企业绩效评价业务,有较强的综合分析判断能力。

3)评价工作主持人员应有较长的经济管理工作经历,并能坚持原则,秉公办事。

4)专家咨询组的专家应在物流领域中具有高级技术职称,有一定的知名度和相关专业的技术资格。

2. 制订评价工作方案

由评价工作组根据有关规定制订评价工作方案,经评价组织机构批准后开始实施,并将工作方案发送专家咨询组的每位专家。

3.收集并整理评价数据资料

选择物流行业同等规模的评价方法及评价标准值;收集连续三年的会计报表,收集有关统计数据及定性评价的基础材料,并确保资料的真实性、准确性和全面性。

4.评价计分

计算评价指标的实际分数,这是第三方物流企业绩效评价的关键步骤。

(1)按照核实准确的统计数据计算定量评价指标的实际值。

(2)根据选定的评价标准,计算出各项基本指标的得分,形成第三方物流企业绩效初步评价计分表。

(3)利用修正指标对初步评价结果进行修正,形成第三方物流企业绩效基本评价计分表。

(4)根据已核实的定性评价基础材料,参照绩效评价指标参考标准对评价指标打分,形成第三方物流企业绩效评价计分汇总表。

(5)将"第三方物流企业绩效基本评价计分表"和"第三方物流企业绩效评价汇总表"进行校正、汇总,得出综合评价的实际分数,形成"第三方物流企业绩效得分总表"。

(6)根据评价方法对各项评价指标体系进行计算与分析。

5.评价结论

将第三方物流企业绩效评价得分与相同行业及同规模的第三方物流企业最高分数进行比较,对第三方物流企业绩效进行分析判断,形成综合评价结论。

6.撰写评价报告

评价报告主要内容包括评价结果、评价分析、评价结论及相关附件等。先把评价报告送专家咨询组征求意见。评价项目主持人签字,报送评价组织机构审核认定,若是委托中介机构进行评价需加盖单位公章。

7.撰写评价工作总结

将第三方物流企业绩效评价的评价结果、评价分析、评价结论及相关资料送交专家咨询组或评价机构,进行评价工作总结,建立评价工作档案,同时报送第三方物流企业备案,为第三方物流企业提升物流绩效、提升企业管理水平、增强竞争优势提供依据和保证。

任务二 第三方物流企业绩效评价指标体系

构建一个合理的绩效评价指标体系,为第三方物流企业绩效管理提供理论依据,是第三方物流企业面临的重要问题。一般来讲,可以从第三方物流企业功能性、经营性、稳定性3个角度来有效评价企业的绩效。

一、第三方物流企业绩效评价指标选取的原则

为了有效地对第三方物流企业绩效进行评价,在构建第三方物流企业绩效评价体系,进行评价指标选取时,一般应遵循以下原则。

1.系统性原则

第三方物流企业应针对企业内外的各种情况设立相应的指标,系统科学地反映第三方物流企业的全貌,从而达到对企业整体科学评价的目标。

2.目的性原则

绩效评价指标体系的构建必须与评价目的存在内在联系,是评价目的的具体化与数量化。

因而，在构建绩效评价指标体系时，应依据评价目的确定的总目标及为达到总目标的各子目标。

3. 全面性原则

评价指标体系应能全面、准确地反映第三方物流企业绩效评价的内在要求，并且能将各个评价指标与系统的总体目标有机地联系起来，组成一个相互联系、相互对应的有机整体，以便全面反映评价对象的优劣。各个评价指标应当能够综合反映被研究对象的某一重要侧面的状况，各指标之间不应有强相关性，不应出现过多的信息包容和涵盖而使指标内涵重叠。同时不能局限于对局部成本的控制和分析，要从整体上对第三方物流企业进行绩效评价。

4. 可比性原则

评价指标体系所涉及的数据、因素、计算方法都应具有可比性，同时还要考虑与其他企业的兼容和横向的可比性。只有在可对比的基础上，才能更加正确地分析评价第三方物流企业的经营绩效，找出自身的优势与劣势，为企业今后发展战略的制定提供参考依据。所以在建立体系的时候要参照国际和国内同行业的物流管理标准。

5. 代表性原则

影响第三方物流企业绩效评价的指标因素很多，代表性原则要求在进行第三方物流企业绩效评价时并不是指标越多越好，而应根据绩效评价的目标选择最具代表性、最能反映评价要求的指标。

6. 经济性原则

在设计指标时，应充分考虑到成本效益因素，必须在指标数据的获取成本和带来的评价效益之间进行权衡。选择的指标在物流企业日常管理运作中能够直接得到，或者通过一定的整理组合可以得到。评价指标体系应当考虑到操作时的成本效益，选择具有较强代表性且能综合反映第三方物流企业整体水平的指标，以期既减少工作量，减少数据误差，又能降低成本，提高评价效率。

7. 层次性原则

评价指标应分出评价层次，在每一个层次的指标选取中应突出重点，要对关键的绩效评价指标进行重点分析。每一个层次有一定的逻辑性，能够反映第三方物流企业运作的不同方面，供不同部门或者企业组织参考。

8. 定量与定性结合的原则

由于第三方物流企业的绩效涉及的客户满意度等方面很难进行量化，因此评价指标体系的建立除了要对物流管理的绩效进行量化外，还应当使用一些定性的指标对定量指标进行修正。

9. 动态长期原则

由于选择第三方物流企业后，货主方与物流供应商之间是战略伙伴的关系，因此对第三方物流企业的评价不应该只局限在目前的企业状况，而应考虑第三方物流企业的长远发展潜力和对企业的长期利益，要与企业的发展目标和战略规划相一致。

二、第三方物流企业绩效评价指标体系的内容

第三方物流企业绩效评价指标体系的内容包括很多方面，一般来说，一个较为综合的第三方物流评价指标体系包含功能性指标、经营性指标、稳定性指标3个二级指标，16个三级指标，如图5.2所示。

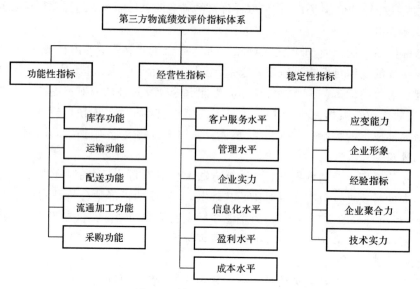

图 5.2 第三方物流指标体系

1. 功能性指标

(1)库存功能:库存能力、库存周转率、收发货物能力、库存结构合理性、库存准确率、预测准确率。

(2)运输功能:运输能力、正点运输率。

(3)配送功能:配送安全性、产品可得性。

(4)流通加工功能:工艺合理性、技术先进性。

(5)采购功能:物料质量、采购成本。

【知识链接】

库存功能主要指标计算公式

(1)库存能力。

对于储存实重商品的库房或货场,有如下计算公式:

库存能力 = [(仓库实际面积 × 面积利用率)×(地坪承载能力 × 地坪承载能力利用率)] / 1000

对于储存轻泡商品的库房或货场,有如下计算公式:

库存能力 = [(仓库实际面积 × 面积利用率)×(库房允许堆码高度 × 高度利用率)] / 1吨的折合体积

(2)库存周转率。

库存周转率(次)= 销售(营业)成本/平均存货

平均存货 =(年初存货 + 年末存货)/2

(3)库存准确率。

库存准确率=(盘点物料数 × 平均单价)/(账面实存数 × 平均单价)

2.经营性指标

(1)客户服务水平:订货满足率、无误交货率、交货及时性、货物破损率、缺货频率、送货出错率、顾客满意度、平均交货期、订单处理时间、准时送货率、交货柔性、顾客保持率、每个顾客服务成本、事后顾客满意度等。

(2)管理水平:物流系统纠错处理时间、设备时间利用率、业务流程规范化、管理人员比重。

(3)企业实力:财务投资能力、信息技术能力、设备先进水平、同行业影响力及业务范围、市场占有率、市场增长率、新用户开发成功率。

(4)信息化水平:硬件配备水平、软件先进程度、信息共享率、实时信息传输量、网络覆盖率、信息平均传输延迟、信息传输错误率。

(5)成本水平:单位产品的物流成本、物流成本占制造成本的比重、物流成本控制水平、每个顾客物流服务成本、订单反映成本、库存单位成本。

(6)盈利水平:净资产利润率、总资产利润率、资金周转率。

【知识链接】

客户服务水平主要指标计算公式

(1)订货满足率。

订货满足率 ＝ 现有库存能够满足订单的次数 ／ 顾客订货总次数

(2)无误交货率。

无误交货率 ＝ 当月准确按照顾客订单发货次数 ／ 当月发货总次数

(3)交货及时性。

交货及时性 ＝ 当月汽车准时送达车数 ／ 当月汽车送货车数

(4)货物破损率。

货物破损率 ＝ 当月破损商品价值 ／ 当月发送商品总价值

盈利水平主要指标计算公式

(1)净资产利润率。

净资产利润率 ＝ 净利润 ／ [(期初所有者权益 ＋ 期末所有者权益) ／ 2]

(2)总资产利润率。

总资产利润率 ＝ 利润总额 ／ 资产平均总额

(3)资金周转率。

资金周转率 ＝ 销售收入净额 ／ (平均流动资产 － 平均流动负债)

3.稳定性指标

(1)技术实力:技术人员比重、技术开发经费比重、开发创新能力、技术改造资产比重、专利拥有比例、设备技术领先程度。

(2)应变能力:预测能力、企业流程再造能力、延迟物流能力。

(3)企业聚合力:领导层的团结进取力、职工的凝聚力、员工满意度。

(4)经验指标:行业服务时间、提高服务种类、成本节约比例、人才培养与培训、客户稳定性、供应商稳定性、历史合作情况、利益与风险共享性、核心能力、战略观念兼容性。

(5)企业形象：员工素质、经营理念、市场信誉、社会责任。

三、第三方物流企业关键绩效指标的制订与管理

对于第三方物流企业绩效的衡量，需要确定一系列的关键绩效指标。关键绩效指标需要根据项目的具体情况来开发和制订。在制订关键绩效指标时，第三方物流企业与客户共同制订指标是最好的，因为第三方物流企业对外部物流市场比较了解，而客户对自己行业的实践及客户的要求比较清楚，双方应共同开发合理的关键绩效指标。

表5.1与表5.2是某第三方物流企业和客户共同制订的关键绩效指标，其中，表5.1是关于运输服务的关键绩效指标（Key Performance Indicator，KPI），内容包括准时交货考核指标、货运单签收及回单完成指标、货物安全性、运输损害报告反馈指标。表5.2是关于仓储管理的关键绩效指标，包括到货、出库的信息反馈，存货记录准确度，报表准确性，盘点差错率，仓库操作货损比率，事故证明反馈时间等。在开发与制订关键绩效指标时，首先要对相关指标进行明确定义，然后确定达标的标准，最后是不达标的处罚措施。在确定达标标准时，要注意不能定得太高，也不能定得太低。太高会脱离实际无法完成，起不到应有的作用；太低会降低服务水平，客户的满意度也会下降。对于处罚措施也应制定得当，处罚太重，第三方物流企业会放弃业务，处罚太轻，又不利于促进第三方物流企业保持一定的服务标准。在需要的时候，对超出标准的表现可以给予适当奖励。

表5.1 运输管理KPI的类别、定义及考核标准与处罚措施

类别	KPI	定义	考核标准	处罚措施
运输	准时交货考核指标	在合同规定时间内送达客户的订单总数占可统计订单总数的百分比（合同规定时间是指运输报价单上的时间）	95%	每1%的差距，扣1%的总运费；（规定时间是指运输报价单上的时间）
	货运单签收及回单完成指标	在限定时间内将正确签收的货运单返回给客户	90%	每1%的差距扣0.5%的运费；当差距超过3%时，按2%运费扣除
	货物安全性	安全送达次数比率	97%	每1%的差距扣0.5%的运费；当差距超过3%时，按1%运费扣除
		纸箱破损率	0.3%	无
		货物货损比率	0.05%	无
	运输损害报告反馈指标	在限定时间内以书面形式将运输中发生的破损反馈给客户	24小时	无
		将货差事故或者交通事故反馈给客户	7天	无

表 5.2 仓库管理 KPI 的类别、定义及考核标准与处罚措施

类别	KPI	定义	考核标准	处罚措施
仓库管理	到货、出库信息反馈	在限定时间内将到货/出库信息反馈给客户	到货签收装车发运后的1小时	无
	存货记录准确度	库存记录准确的商品数/总盘点商品数	99.9%	每0.001的差距扣除仓储费用的5%;当差距超过0.003时,按10%的仓储费扣除
	报表准确性	提供给客户关于仓库运作的报表(如每日库存报表)的准确性	99.9%	无
	盘点差错率	库存货物同账目库存的符合程度	0.01%	每0.001的差距扣除仓储费用的5%;当差距超过0.003时,按10%的仓储费扣除
	仓库操作货损比率	考核仓库操作的安全性	0.02%	每0.001的差距扣除仓储费用的5%;当差距超过0.003时,按10%的仓储费扣除
	事故证明反馈时间	在限定时间内将仓库储存事故或者第三者责任事故的合法证明文件或报告提交给客户	7天	无

KPI 一旦确定,第三方物流企业必须做到。否则,要有相应的规定,例如:
(1) 1个月达不到,限期整改。
(2) 连续3个月达不到,可以取消合同。
(3) 达不到有关 KPI,可以扣去一定的服务费,具体可参见表5.1和表5.2的处罚措施。
(4) 将依据关键绩效指标对第三方物流企业的服务定期进行评估。下面例子是对某第三方物流配送中心的 KPI 进行的统计与打分,见表5.3。

表 5.3 某第三方物流配送中心 KPI 的履行情况与打分

序号	类别	项目	计算公式 (1)/(2)	(1)	(2)	KPI值	新标准	旧标准	满分分值	实际分值	得分
1	收货	预约准时率	准时预约订单总数/订单总数	2 194	2 194	100%	100%	100%	2	2	2
2		收货及时率	准时收货订单总数/到货订单总数	2 185	2 185	100%	100%	100%	2	2	2
3		收货效率/(箱/(人·小时))	收货总箱数/总收货所用小时数	265 201	221	1 200	620	550	4	4	4
4		系统确认率	确认订单总数/订单总数	2 185	2 185	100%	100%	100%	2	2	2
5		收货差错率	收货差错额/总收货额	11 400	46 409 278	0.02%	0.06%	0.10%	5	5	5

续表

序号	类别	项目	计算公式 (1)/(2)	(1)	(2)	KPI值	新标准	旧标准	满分分值	实际分值	得分
6	拣货	店铺订单不满足率(按订单)	未满足订单数/总订单数	187	15 593	1.2%	1.0%	1.5%	6	6	4.8
7		店铺订单满足率(按价值)	到货商品价值/总订单价值	40 598 861	40 606 982	99.98%	99.98%	99.98%	6	6	6
8		拣货效率(箱/(人·小时))	拣货总箱数/总拣货小时数	328 933	4 588	71.7	57	57	12	12	12
9	送货	配送及时率	准时配送次数/总送货次数	2 024	2024	100%	100%	100%	15	15	15
10	申偿	申偿率(价值)	申偿总额(元)/送货总额(元)	5 576	40 598 861	0.014%	0.03%	0.05%	6	6	6
11		申偿率(单数)	申偿次数/总送货次数	78	2024	3.9%	3%	5%	6	6	4.29
12		申偿处理及时率	及时处理品数/申偿总品数	78	78	100%	100%	100%	4	4	4
13	退货	退货准时率	按时拉回退货数/退货总数	无退货	无退货	无退货	100%	100%	2	2	2
14		店铺退货处理及时率	按时签回退货数/退货总数	无退货	无退货	无退货	100%	100%	3	3	3
15	盘点	库存差异率	总差异价值/总配送额	6 865	59 081 948	0.012%	0.03%	0.04%	5	5	5
16	成本	平均每箱运输成本(元)	总送货成本(元)/配送总箱数	99 078	328 933	0.3	0.34	0.34	5	5	5
17		平均每箱劳动成本(元)	总劳动成本(元)/配送总箱数	171 239	328 933	0.52	0.53	0.53	5	5	5
18		平均每箱总成本(元)	总运作成本(元)/配送总箱数	450 435	328 933	1.37	1.39	1.39	10	10	10

任务三 第三方物流企业绩效评价方法

目前国内外系统评价使用的方法,主要可分为三大类:定性评价、定量评价和二者相结合的评价方法。由于物流系统的复杂性,部分评价指标难以量化,因此在对物流系统现状进行多因素综合评价时,大多选用定性分析和定量计算相结合的综合评价方法。本节将介绍三种第三方物流企业常用的绩效评估方法:平衡计分法、模糊综合评价法和关键绩效指标评价法。

一、平衡计分法

卡普兰和诺顿在1992年创建的平衡记分法(Balanced Score Card,BSC)是一种能够有效反映无形资产的真实价值并将其转化为企业利益的工具。卡普兰和诺顿认为,传统的财务测评方法在工业化时代是有效的,但对于今天企业力图掌握的技术和能力而言,已不再适用了。平衡计分法极大地拓宽了企业绩效评价理论的空间,成为20世纪最有影响的商业理念之一。

(一)平衡计分法概述

在工业时代,注重财务指标的管理方法还是有效的。但在信息社会里,传统的绩效管理方法并不全面,组织必须通过在客户、供应商、员工、组织流程、技术和革新等方面的投资,获得持续发展的动力。正是基于这样的认识,平衡计分方法认为,组织应从四个角度审视自身业绩:学习与成长、内部流程、顾客、财务。

平衡计分法反映了企业财务与非财务衡量方法之间的平衡,长期目标与短期目标之间的平衡,企业外部与内部的平衡,结果和过程的平衡,企业管理业绩和经营业绩的平衡等多个方面,所以能反映出组织的综合经营情况,使业绩评价趋于平衡和完善,有利于组织的长远发展。

平衡计分法的设计包括4个方面:财务、客户、内部经营流程、学习与成长。每个角度的重要性与否取决于角度的本身和指标的选择是否与企业战略相一致,如图5.3所示。其中每一个层面,都有其核心内容。

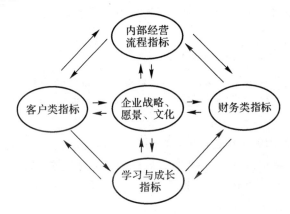

图5.3 平衡计分法指标构成

(1)财务层面。财务类绩效指标可以显示企业的战略及其实施和执行是否对改善企业盈利做出贡献。财务目标通常与获利能力有关,其衡量指标有营业收入、资本报酬率、经营增加值等,也可能是销售额的迅速提高或创造现金流量。

(2)客户层面。在平衡计分法的客户层面,管理者确立其业务单位将竞争的客户和市场,以及业务单位在这些目标客户和市场中的衡量指标。客户层面指标通常包括客户满意度、客户保持率、客户获得率、客户盈利率,以及在目标市场中所占的份额。客户层面使业务单位的管理者能够阐明客户和市场战略,从而创造出出色的财务回报。

(3)内部经营流程层面。在这一层面上,管理者要确认企业必须擅长的关键内部流程,这些流程帮助业务单位提出价值主张,以吸引和留住目标细分市场的客户,并满足股东对卓越财务回报的期望。

(4)学习与成长层面。它确立了企业要实现长期的成长和改善就必须建立的基础框架。平衡计分法的前三个层面一般会揭示企业的实际能力与实现突破性业绩所必须能力之间的差距,为了弥补这个差距,企业必须投资于员工技术的再造、组织程序和日常工作的理顺,这些都是平衡计分法学习与成长层面追求的目标,包括员工满意度、员工保持率、员工培训和技能等,以及这些指标的驱动因素。

一份结构严谨的平衡计分法指标应当包含一系列相互联系的目标和指标,这些指标不仅前后一致,而且互相强化。例如,投资回报率是平衡计分卡的财务指标,这一指标的驱动因素可能是客户的重复采购和销售量的增加,而这二者是客户的满意度带来的结果。因此,客户满意度被纳入平衡计分法的客户层面。通过对客户偏好的分析显示,客户比较重视按时交货率这个指标,因此,按时交付程度的提高会带来更高的客户满意度,进而引起财务业绩的提高。于是,客户满意度和按时交货率都被纳入平衡计分法的客户层面。而较佳的按时交货率又通过缩短经营周期并提高内部过程质量来实现,因此这两个因素就成为平衡计分法的内部经营流程指标。进而,企业既要改善内部流程质量并缩短周期,又需要培训员工并提高他们的技术,员工技术成为学习与成长层面的目标。这就是一个完整的因果关系链,贯穿平衡计分法的四个层面。

平衡计分法通过因果关系提供了把战略转化为可操作内容的一个框架。根据因果关系,对企业的战略目标进行划分,可以分解为实现企业战略目标的几个子目标,这些子目标是各个部门的目标,同样各中级目标或评价指标可以根据因果关系继续细分,直至最终形成可以指导个人行动的绩效指标和目标。

(二)第三方物流企业平衡计分法的应用

第三方物流企业要有效实施平衡计分法对企业进行绩效管理与评估,就必须结合第三方物流企业的实际,同时根据平衡计分法的四方面所阐述的价值,进行第三方物流企业的绩效评价。

(1)客户价值。如何为顾客创造价值,这是第三方物流企业的首要任务。平衡计分法要求企业把顾客服务的声明转化为具体的测评指标,这些指标应能够反映真正与顾客相关的因素。物流企业的经营不仅是为了获取财务上的直接收益,还要考虑战略资源的开发和保持。这种战略资源包括外部资源和内部资源。外部资源即客户。客户层面的绩效就是企业赖以生存的基础,具体要从企业进行客户开发的业绩和从客户方面的获利能力来衡量:一是客户对物流服务满意度的评价;二是企业的经营行为对客户开发的数量和质量的评价。平衡计分法的客户衡量包括客户满意程度、客户忠诚度、客户获得、获利能力和在目标市场上所占的份额。

(2)内部流程。这一目标是解决"我们必须擅长什么"这一类问题。以顾客为基础的指标十分重要,优异的顾客绩效来自企业中所发生的流程、决策和行为。第三方物流企业的内部业务能力,包括产品特征、业务流程、软硬件资源等,是物流企业绩效评价体系中最能反映其行业和企业特色的指标,需要结合第三方物流企业的特点和客户需求共同确定。

(3)学习与成长。这部分目标是解决"我们能否持续提高并创造价值"这一类问题。以顾客为基础的测评指标和内部业务程序测评指标,确定了企业认为对竞争取胜最重要的参数。环境和竞争形势要求第三方物流企业不断改进现有服务和物流流程,只有通过持续不断地开发新的增值性服务、为顾客提供更多价值并提高企业经营效率,企业才能发展壮大。

(4)财务评价。财务评价是其他三个方面评价的出发点和归宿,常见的财务指标包括利润率、资产利用率、固定资产周转率等。

在系统性、科学性及可行性等原则的指导下,将平衡计分法应用于第三方物流企业的绩效衡量,其重点是根据物流企业本身的特点和物流客户的需求特点,设定适当的评价指标,提出一个全面衡量物流企业绩效的方法体系。

采用这种全方位的分析方法,就在第三方物流企业的经营绩效与其竞争优势的识别之间搭建了一个桥梁,必将有利于企业的战略成长。在第三方物流企业绩效评估方法的研究过程中,仅仅集中于理论研究是不够的,应该结合具体企业的实际,制定评价标准,选定适宜的评价方法,进行实证分析和研究。只有这样,才会对物流企业的可持续发展提供有益的帮助。

(三)实施平衡计分法的优缺点

1. 实施平衡计分法的优点
实施平衡计分法主要有以下优点:
(1)克服财务评估方法的短期行为。
(2)使整个企业行动一致,服务于战略目标。
(3)能有效地将企业的战略转化为企业各层的绩效指标和行动。
(4)有助于各级员工对企业目标和战略的沟通和理解。
(5)有助于企业和员工的学生成长和核心能力的培养。
(6)实现企业长远发展。
(7)提高企业整体管理水平。

2. 实施平衡计分法的缺点
平衡计分法在绩效评估层面运用时,是对传统绩效评价方法的一种突破,但是不可避免地也存在一些缺点:
(1)实施难度较高。
(2)指标体系的建立较困难。
(3)指标数量较多。指标数量过多,指标间的因果关系就很难明确。
(4)各指标权重的分配比较困难。
(5)部分指标的量化工作难以落实。
(6)实施成本较大。

二、模糊综合评价法

模糊综合评价法是近年来逐渐推广应用的一种系统综合评价方法,是运用层次分析法和模糊数学方法的一种综合评价方法。该方法利用模糊隶属度理论把定性指标合理地定量化,很好地解决了其他方法中定性与定量评价不能很好结合的问题,使评价方法在综合性、科学性等方面得到了改进。

注:层次分析法主要分为指标层、准则层、方案层。数学模型表现为确定性、随机性、模糊数学方法。

1. 建立评价指标体系
模糊综合评价指标体系是进行综合评价的基础,评价指标的选取是否适宜,将直接影响综合评价的准确与否。建立层次结构模型是指在分析问题的组成元素和相互关系的基础上将元素按属性进行分组,按支配关系分层。分层进行到方便各个元素比较为止,这样就可以自然而然地形成一个自上而下的阶层结构。

2. 确定评价指标权重
(1)构造判断矩阵。
(2)层次单排序。
(3)一致性检验。

3. 建立模糊判断矩阵

4. 计算模糊评价结果

5. 计算绩效评价模型的最终得分

【知识链接】

判断矩阵的调查问卷设计举例

设计调查问卷是获得指标两两判断矩阵数据的重要来源和方法,下面以具体指标为例说明如何设计两两比较的判断矩阵的调查问卷。

某评价指标体系中对企业领导能力的评价包含了四个指标:决策能力、业务能力、社交能力、自学能力,问卷设计见表5.4。

填表说明:相对于企业领导能力,请用两两比较来判断领导能力的四种因素的相对重要性。例如:A 比 B 重要,则在"重要"栏下相应括号内填写 A,如果认为 B 相较于 A 很重要,则在"很重要"栏下相应括号里填写 B,如果认为 A 与 B 同等重要,则在"同等重要"栏下相应括号内填写"AB"。每一行的两两比较判断只能在一个括号中填写 A 或 B 或 AB。对每一类问题,请先阅读后回答。

表5.4 问卷设计表

两两比较判断的指标		同等重要	较重要	重要	很重要	非常重要
A	B					
决策能力	业务能力		A			
决策能力	社交能力		A			
决策能力	自学能力				A	
业务能力	社交能力		A			
业务能力	自学能力		A			
社交能力	自学能力	AB				
对于其他层次的各子因素可以类似地设计						

三、关键绩效指标评价法

(一)关键绩效指标评价法的定义

企业关键绩效指标(KPI)是通过对组织内部流程的输入端、输出端的关键参数进行设置、取样、计算、分析,衡量流程绩效的一种目标式量化管理指标,是把企业的战略目标分解为可操作的工作目标的工具,是企业绩效管理的基础。建立切实可行的 KPI 体系,是做好绩效管理的关键。KPI 可以使部门主管明确主要责任,并以此为基础,制订部门人员的业绩衡量指标。

(二)关键绩效指标确定的原则

确定关键绩效指标有一个重要的 SMART 原则。

S 代表具体(Specific),指绩效考核要切中特定的工作指标,不能笼统;

M 代表可度量(Measurable),指绩效指标是数量化或者行为化的,验证这些绩效指标的数据或者信息是可以获得的;

A 代表可实现(Attainable),指绩效指标在付出努力的情况下可以实现,避免设立过高或过低的目标;

R 代表现实性(Realistic),指绩效指标是实实在在的,可以证明和观察;

T 代表有时限(Timebound),注重完成绩效指标的特定期限。

(三)第三方物流企业的关键绩效指标

建立符合企业发展战略的关键绩效评价指标是第三方物流企业提升客户服务水平和企业管理能力的关键。关键绩效指标评价法通过将物流企业战略目标分解为企业级、部门级、岗位级关键绩效指标,使部门主管了解各自的主要责任,以此为基础,明确部门人员的绩效衡量指标,使绩效评价建立在量化的基础之上。

1. 企业级 KPI

首先明确企业的战略目标,找出企业的业务重点,并确定这些关键业务领域的 KPI,从而建立企业级 KPI。例如运输是第三方物流企业的业务重点,那么根据第三方物流企业提供物流运输服务的过程,可以把有助于物流企业战略目标实现的物流服务的关键成功要素划分为 3 组:运输前服务、运输中服务、运输后服务。

(1)运输前服务。运输前服务可分解的关键绩效指标包括客户需求调查的充分性、服务的可理解性、服务的移情性。其中,服务的可理解性是指对物流服务流程具有提纲挈领的指导作用的政策、文件等,可以使客户对所获服务的期望保持相对稳定。服务的移情性是指物流企业将顾客作为个体对待,移情性是企业给予顾客的关心和个性化服务。

(2)运输中服务。运输中的物流服务主要是指直接发生在运输过程中的物流服务,可分解的关键绩效指标包括服务的可得性、服务的可靠性、服务的响应性。其中,服务的响应性是指根据顾客要求有快捷的响应能力,即在处理顾客要求、询问、投诉问题时的快速响应能力,主要以顾客获得帮助、询问答案及企业对问题处理前的等待时间来衡量。

(3)运输后服务。物流企业在将货物按时送达后,物流服务并没有完结,而是进入确认顾客是否满意并改进服务的阶段。运输后的服务可分解的关键绩效指标包括发票的准确性、顾客满意度。

2. 部门级 KPI

在确定了企业级 KPI 之后,为了更有效地将企业战略目标向各部门和员工推行,需要将企业级 KPI 进一步明确化,分解落实到各个部门。由此分解出第三方物流企业的关键部门为运输部、仓储部、信息部、客服中心、计划工作部、市场营销部。

(1)运输部可分解的关键绩效指标包括派车及时率、及时送达率、货物完好率。

(2)仓储部可分解的关键绩效指标包括入库准确率、出库准确率、仓储完好率。

(3)信息部可分解的关键绩效指标包括信息跟踪准确率、信息跟踪及时率。

(4)客服中心可分解的关键绩效指标包括电话接听及时性、投诉问题记录准确性、投诉处理反馈及时性。

(5)计划工作部可分解的关键绩效指标包括订单准确率、紧急订单响应率。

(6)市场营销部可分解的关键绩效指标包括市场拓展性、危机处理能力。

3. 岗位级 KPI

企业的战略需要通过绩效指标的制订过程层层分解和传递,企业中的每个职位都被赋予战略责任。员工作为 KPI 分解的最后一个环节,也是企业战略目标的实际执行者,个人指标的设置是否与企业目标相统一、是否真实且可评价,是 KPI 绩效评价成功与否的关键所在。我们将第三方物流企业员工分为服务岗位员工、管理岗位员工和经营岗位员工三个层面来设置关键绩效指标。

（1）服务岗位员工。指在一线岗位具体从事以物流服务为主的员工，如基层的快递员、客户服务人员等。以快递员为例，可分解的关键绩效指标包括通知及时率、送货准时率、送货准确率、服务态度。

（2）管理岗位员工。指运输部、信息部、计划工作部等以从事管理工作为主的岗位上的员工以及在经营、服务部门从事以管理工作为主的管理岗位上的员工。以客户经理为例，可分解的关键绩效指标包括突发问题处理能力、投诉处理及时性、顾客满意度。

（3）经营岗位员工。指在经营部门的以从事企业物流、仓储业务为主的岗位上的员工，比如营销人员、仓储部的业务员等。以市场营销部的营销人员为例，可分解的关键绩效指标包括响应及时性、服务方案的符合度、方案实施的成功率。

【项目小节】

本项目讲解了第三方物流企业绩效评价的相关概念、指标体系及几种评价方法，如平衡计分法、模糊综合法、关键绩效指标法。

【同步测试】

一、选择题（不定项）

1. 下列（　　）不属于第三方物流企业绩效评估的目的。
A. 确定目标方向　　　　B. 客户分类　　　　C. 理清现状　　　　D. 路径选择
2. 库存周转率等于（　　）。
A. 订货批量/日均销量　　　　　　　　B. 日均库存/日均销量
C. 日均销量/订货批量　　　　　　　　D. 销售成本/平均存货
3. 物流绩效评估的系统性是指（　　）。
A. 评价指标体系涵盖实现物流系统目标所涉及的一切方面
B. 定量分析与定性分析相结合
C. 防止评价人员的倾向性
D. 评价所用材料准确可靠
4. 第三方物流评价指标体系的稳定性指标包括（　　）。
A. 应变能力　　　　B. 企业形象　　　　C. 客户服务水平　　　　D. 企业聚合力
5. 与缺货率对应的物流管理内容是（　　）。
A. 成本管理　　　　B. 库存管理　　　　C. 服务管理　　　　D. 运输管理

二、简答题

1. 第三方物流企业为什么需要进行绩效评价？
2. 第三方物流企业绩效评价指标体系的内容有哪些？
3. 平衡计分法的优缺点主要有哪些？

三、实训应用

根据本项目所学理论知识，选择一家校园快递，从物流业务质量、服务质量、人员素养等角度制订绩效评价指标体系，根据结果对所存在的问题展开分析，提出解决办法。

项目六　第三方物流企业信息业务管理

【知识目标】

了解物流信息、物流信息系统的基本概念、特征和分类。
熟悉第三方物流企业信息系统概念、功能。
掌握第三方物流企业信息系统运行的条件及特征。
理解第三方物流企业信息系统设计的方法。
了解第三方物流企业信息管理系统。

【技能目标】

能够针对企业实际,分析其使用的物流信息技术及对企业的作用。
能够针对企业实际,分析其使用的物流信息系统及对企业的作用。

【案例导入】

　　A公司是一家大型配送公司,2017年该公司年收入接近400亿元,其中包裹和单证流量大约20亿件,平均每天向遍布全球的顾客递送800万件包裹。公司向制造商、批发商、零售商、服务公司以及个人提供各种范围的陆路和空运的包裹和单证的递送服务及大量的增值服务。表面上该公司的核心竞争优势来源于其10万多辆卡车和300多架飞机组成的运输队伍,而实际上该公司今天的成功并非仅仅如此。

　　在20世纪80年代后期,物流市场竞争日益激烈,顾客迫切希望通过掌握更多的物流信息,以利于自身控制成本和提高效率。正是基于这种服务需求,该公司从20世纪90年代开始致力于物流信息技术的广泛利用和不断升级,以提高企业的竞争力。

　　这些物流信息系统包括署名追踪系统及比率运算系统等,其解决方案包括自动仓库、指纹扫描、分拣技术、产品跟踪和决策软件工具等。这些解决方案从商品原起点流向市场或者最终消费者的供应链上,帮助客户改进了业绩,真正实现了双赢。

思考:1. 对物流企业而言,物流信息技术有哪些作用?
　　　2. 主要的物流信息系统有哪些?

任务一　第三方物流企业信息管理概述

一、物流信息

(一)物流信息的概念

现代物流的重要特征是物流的信息化,现代物流也可看作是物资实体流通与信息流通的结合。在现代物流运作过程中,通过使用计算机技术、通信技术、网络技术等技术手段,大大加快了物流信息的处理和传递速度,从而使物流活动的效率和反应能力得到提高。

物流信息可以分为狭义物流信息和广义物流信息。

狭义物流信息,是指与物流活动(如运输、保管、包装、装卸、流通加工、配送等)有关的信息,它是伴随物流活动而发生的。在物流活动的管理与决策中,如运输工具的选择、运输路线的确定、运送批量的确定、在途货物的追踪、仓库的有效利用、最佳库存数量的确定、库存时间的确定、订单管理、如何提高顾客服务水平等,都需要详细和准确的物流信息,因为物流信息对运输管理、库存管理、订单管理、仓库管理等物流活动具有支持和保障的功能。

广义物流信息既包含有狭义物流信息,还包含其他与流通活动有关的信息,如商品交易信息、供货商信息、顾客信息、订货合同信息、交通运输信息、政策信息和市场信息等,还有来自企业内生产、财务等部门的与物流有关的信息。

《物流术语》(GB/T 18354—2021)把物流信息定义为"反映物流各种活动内容的知识、资料、图像、数据的总称。"包括物流活动中各个环节生成的信息,一般是随着从生产到消费的物流活动的产生而产生的信息流,与物流过程中的运输、保管、装卸、包装、配送等各种职能有机结合在一起。商流、物流和信息流是从商品流通结构的角度来描述商品流通过程的概念,称为商品流通过程中的"三流"。

(二)物流信息的特征

物流信息除了具有信息的一般属性,还具有自己的一些特点。

1. 广泛性

物流是一个大范围内的活动,物流信息源也分布于一个大范围内,信息源点多、信息量大,涉及从生产到消费、从国民经济到财政信贷各个方面。物流信息来源的广泛性决定了它的影响也是广泛的,涉及国民经济各个部门、物流活动各环节等。

2. 多样性

物流信息种类繁多,在进行物流系统的研究时,应根据不同种类的信息进行分类收集和整理。

3. 联系性

物流活动是多环节、多因素、多角色共同参与的活动,目的就是实现产品从产地到消费地的顺利移动,因此在该活动中所产生的各种物流信息必然存在十分密切的联系,如生产信息、运输信息、储存信息、装卸信息间都是相互联系、相互影响的。这种相互联系的特性是保证物流各子系统、供应链各环节以及物流内部系统与物流外部系统相互协调运作的重要因素。

4. 动态性

多品种、小批量、多频度的配送技术与 POS(销售时点信息系统)、EDI(电子数据交换)等技术的不断应用使得各种物流作业频繁发生,加快了物流信息的价值衰减速度,要求物流信息的不断更新。物流信息的及时收集、快速响应、动态处理已成为主宰现代物流经营活动成败的关键。

5. 复杂性

物流信息广泛性、联系性、多样性和动态性带来了物流信息的复杂性。在物流活动中,必须对不同来源、不同种类、不同时间和相互联系的物流信息进行反复研究和处理,才能得到有实际应用价值的信息,去指导物流活动,这是一个非常复杂的过程。

(三)物流信息的分类

《物流信息分类与代码》(GB/T23831—2009)把物流信息按业务反映的属性分为以下6大类:物流综合管理信息、物流业务信息、物流作业信息、物流设施设备信息、物流技术信息、物流安全信息。

物流中的信息流是指信息供给方与需求方进行信息交换和交流而产生的信息流动,它表示产品的品种、数量、时间、空间等各种需求信息在同一个物流系统内不同的物流环节中所处的具体位置。物流系统中的信息种类多、跨地域、涉及面广、动态性强,尤其是运作过程中受自然的、社会的影响很大,而物流信息是物流系统的基础,因此在开发物流信息系统时,必须对物流信息分类有一个清晰的了解。不同的分类方法给出了对同一问题不同侧面的认识,下面从不同侧面对物流信息进行分类。

1. 按信息载体的类型分类

在企业中,物流信息按载体类型通常分为物流单据(凭证)、物流台账、物流报表、物流计划、物流文件等多种类型。

(1)物流单据(凭证)。物流单据(凭证)发生在企业的操作层,一般记载物流业务工作实际发生情况,根据单据的制定者,单据分为企业内部物流单据和企业外部物流单据。凡是由企业外部制定和开出的单据属于企业外部物流单据,而由企业自身制定和开出的单据则为企业内部物流单据,如货物采购时由供应厂商开出的发票是企业外部物流单据,企业为客户开出的销售发票则为企业内部物流单据。

(2)物流台账。物流单据按照一定的要求(如时间顺序、某种分类等)累积则形成物流台账,物资管理工作中的商品明细台账就是按物资类别将某种物资的入库、出库按时间次序记载的流水账。

(3)物流报表。物流报表是按照一定的统计要求,将一定周期内的物流单据或者物流台账进行计算、排序、分类、汇总等形成的信息载体,其作用是通过对一定时期生产经营的统计,检查生产经营情况,发现存在的问题,为制定相关决策提供信息。

(4)物流计划。物流计划对于企业物流管理是一种非常重要的信息,它是企业物流管理决策的具体体现。从管理职能来说,企业有不同的计划,如需求计划、采购计划、项目预算计划、财务计划等,企业的领导靠它向下传达企业下一个计划期生产经营的意图,用以统一指挥各部门的行动,而企业的下级通过报表反映计划的实际实施情况。

(5)物流文件。物流文件一般分为企业内部物流文件和企业外部物流文件。企业外部物流文件的制定者是企业的外部单位、组织,而企业内部物流文件又可分为企业级的物流文件、部门级的物流文件。物流文件多为非数值型数据。

物流单据(凭证)、物流台账和物流报表具有确定性,是对现实的反映,而物流计划、物流文件具有可变性,是实现过程控制和评价的标准之一。

2. 按管理层次分类

根据管理层次的划分,物流信息可分为操作管理信息、知识管理信息、战术管理信息和战略管理信息。

(1)操作管理信息。操作管理信息产生于操作管理层,反映和控制企业的日常生产和经营工作,它处于管理信息中的最底层,是信息源,来自于企业的基层,如每天的产品质量指标、用户订货合同、供应厂商原材料信息等。这类信息通常具有量大、发生频率高等特点。

(2)知识管理信息。知识管理信息是知识管理部门相关人员对企业自己的知识进行收集、分类、存储和查询,并进行知识分析得到的信息,如专家决策知识、物流企业相关业务知识、工人的技术和经验形成的知识信息等。这类信息一般隐藏在企业内部,需要挖掘和提炼。知识管理信息贯穿企业的各个部门、各个层次。

(3)战术管理信息。战术管理信息是部门负责人进行关系局部和中期决策涉及的信息。例如月销售计划完成情况、单位产品的制造成本、库存费用、市场商情信息等。这类信息一般来自于本单位所属各部门。

(4)战略管理信息。战略管理信息是企业高层管理决策者制定企业年经营目标、企业战略决策所需要的信息,例如企业全年经营业绩综合报表、消费者收入动向和市场动态、国家有关政策法规等。这类信息一部分来自企业内部,多为报表类型;另一部分来自企业外部且数据量较少、不确定性程度高、内容较抽象。

3. 按信息来源分类

按信息来源的不同,物流信息可分为内部信息和外部信息。

外部信息是在物流活动以外发生,但提供给物流活动使用的信息,包括物流知识层信息、物流战术层信息、物流战略层信息。具体表现为供货人信息、顾客信息、订货合同信息、交通运输信息、市场信息、政策信息,还有来自企业内部运作、财务等部门与物流相关的信息,例如消费者收入动向和市场动态、国家有关政策法规、国家各种统计资料等均为企业外部信息,企业全年生产经营指标完成情况、生产计划完成情况等为企业内部信息。

内部信息,指与物流活动有关的信息。它是伴随物流活动而发生的。如运输工具的选择、线路的确定等。

一般外部信息与内部信息相比,其不确定程度和不准确程度较高,信息收集困难,经常不可控制。物流企业经常遇到不确定的信息,导致物流企业的经营成本上升,计划赶不上变化,无法很好地安排采购、仓储、生产和运输。在市场竞争趋于白热化的今天,谁能更及时、全面地掌握用户信息,谁就能更好地占有市场。

4. 按信息的作用分类

按信息作用不同,物流信息可以分为以下几类。

(1)计划信息。计划信息,指的是对未来物流活动实现的目标、采取的方案、时间进度和资源使用作出的事先安排,如物流量计划、仓库吞吐量计划、车皮计划、顾客服务水平等。与物流活动相关的如国民经济计划、工农业产品产量计划等,甚至是带有作业性质的如协议、合同、投资等信息都是计划信息。这种信息具有相对稳定性,信息更新速度较慢。

计划信息对物流活动具有非常重要的战略性指导意义。掌握了这些信息之后,人们便可以对物流活动进行战略性思考,这是战略决策或大的业务决策不可缺少的依据。

(2)控制及作业信息。控制及作业信息,指的是物流活动过程中发生的信息,带有很强的动态性,是掌握物流现实活动状况不可缺少的信息,如库存种类、库存量、在运量、运输工具状况、物价、运费、投资在建情况、港口发运情况等。这种信息的特点是动态性非常强、更新速度很快、时效性很强。

物流活动过程中,在连续的作业中产生的信息,都是上一阶段作业的结果信息,但并不是此项物流活动最终结束后的信息。这种信息的主要作用是控制和调整正在发生的物流活动和指导下一次即将发生的物流活动,以实现对过程的控制和对业务活动的微调。这是管理工作不可缺少的信息。

(3)统计信息。统计信息,指的是物流活动结束后,得出的整个物流活动的一种终结性、归纳性的信息。这种信息是一种恒定不变的信息,有很强的资料性,虽然新的统计结果不断出现,从总体来看具有动态性,但已产生的统计信息都是一个历史性的结论,是静态不变的。如上一年度发生的物流量、物流种类、运输方式、运输工具使用量、装卸量以及与物流有关的工农业产品产量、内外贸数量等都属于这类信息。统计信息有很强的战略价值,通过对统计资料的分析可以揭示过去的物流活动规律,预测未来物流活动发展趋势,指导物流战略发展和制订计划。统计信息是经济领域中非常重要的一类信息。

(4)支持信息。支持信息,是指能对物流计划、业务、操作产生影响的文化、科技、产品、法律、教育、民俗等方面的信息。这些信息不仅对物流战略发展有价值,而且对物流控制、操作能起到指导、启示的作用,是可以从整体上提高物流水平的一类信息。

5. 按信息的加工程度分类

按信息的加工程度不同,物流信息可以分成以下两类。

(1)原始信息。原始信息,指未加工的信息,是信息工作的基础,也是最有权威性的凭证性信息,一旦有需要,即可从原始信息中找到真正的依据。原始信息是加工信息可靠性的保证。有时候,人们只重视加工信息而放弃原始信息,一旦有争议和疑问,无法用原始信息核证时,加工信息便毫无意义,所以不应该忽视原始信息。

(2)加工信息。加工信息,指对原始信息进行各种方式、各个层次处理之后的信息,是原始信息的提炼、简化和综合,可大大缩小信息量,并将信息梳理成规律性的东西,便于使用。加工信息需要各种加工手段,如分类、汇编、汇总、精选、制档、制表、制音像资料、制文献资料、制数据库等。同时,要制成各种供指导使用的导引资料。

6. 按信息的稳定程度分类

按信息的稳定程度,物流信息可分为静态信息和动态信息。例如国家的政策法规、物流运送周期、供应商信息等是静态信息,国际市场物流报价信息、物资配送、销售情况等为动态信息。静态信息是相对的,随着企业生产经营的变化、管理水平和职工技能的提高、技术的进步等,也会发生变化,只是其更新频率较低而已。例如企业要定期地修改物流运送周期,增加供应商信息等。因此对于静态信息的数据处理关键是信息的利用,动态信息的处理关键是信息的搜集、存储、加工等。

7. 按物流活动分类

按物流活动划分,物流信息可分为物流系统内信息和物流系统外信息。物流系统内信息包括物料流转信息、物流操作层信息,具体为运输信息、存储信息、物流加工信息、配送信息、定价信息等。物流系统外信息主要包括用户物品运输、配送信息,社会可用运输资源信息,交通和地理信息,等等。按照这类方法分析物流信息,其优势在于它是按信息产生源头划分的,容易保证信息的搜集以及信息的正确性,但是要注意容易产生"信息孤岛",使不同活动不易共享信息。

(四)物流信息的作用

物流信息在物流活动中具有十分重要的作用,物流信息的收集、传送、存储、处理与研究分析,都为物流管理决策提供了依据,对整个物流活动起着指挥、协调、支持和保障的作用。概括起来物流信息的作用主要有以下几点:

1. 沟通联系作用

物流信息是沟通物流活动各个环节之间的纽带。物流系统是由其各个子系统组成的一个大系统。物流系统与社会经济运行中许多行业、部门以及众多的企业群体之间有着十分密切的关系，无论是物流系统内部，还是其他方方面面，都依靠物流信息建立起各种纵向和横向的联系，沟通生产企业、批发商、零售商、消费者，满足各方面的需要。

2. 引导和协调作用

物流信息贯穿于物流活动的全过程，物流过程中的各个环节依靠物流信息及其反馈引导与协调物流活动的优化，既协调供需之间的平衡，又协调物流过程中人、财、物等物流资源的配置，促进物流资源的合理使用。

3. 管理控制作用

物流信息通过通信技术、网络技术、电子数据交换和全球定位系统等先进技术实现物流活动的电子化，做到货物的实时跟踪，车辆的实时跟踪，库存的自动补货，实现物流作业、服务质量和成本费用等方面的管理控制。

4. 支持决策分析作用

物流信息是制定决策方案的重要基础和依据。物流管理的决策过程本身就是对物流信息分析处理和研究加工的过程，是对物流活动发展变化规律性的认识过程。因此，物流管理人员只有在科学分析物流信息的基础上，才能做出正确的决策。

5. 价值增值作用

物流信息本身是有其一定价值的，而在物流活动中，物流信息在实现其使用价值的同时，其自身的价值也随之增长，这就说明了物流信息本身具有增值的特征。物流信息将物流中的各个环节有机地连接起来，企业通过有效地利用物流信息，组织和协调物流活动，创造经济效益。

二、物流信息系统

(一)物流信息系统的概念

物流信息系统是指由人员、计算机硬件、软件、网络通信设备及其他办公设备组成的人机交互系统，其主要功能是进行物流信息的收集、存储、传输、加工整理、维护和输出，为物流管理者及其他物流信息系统组织管理人员提供战略、战术及运作决策的支持，以达到组织的战略最优，提高物流运作的效率与效益。

(二)物流信息系统的功能

物流信息系统作为整个物流系统的指挥和控制系统，可以有多种子系统或者多种基本功能，通常可归纳为以下几个方面。

1. 数据的收集和输入

物流数据的收集是将物流活动相关数据通过数据收集界面录入，并整理成为系统规定格式，然后输入到物流信息系统。这一过程是其他功能发挥作用的前提和基础。因此，应注意收集数据的完整性、准确性。

2. 信息的存储

物流信息系统的存储功能就是保证已得到的后勤信息能够不丢失、不走样、不外泄、整理得当、随时可用。无论哪一种物流信息系统,在涉及信息的存储问题时,都要考虑存储量、信息格式、存储方式、使用方式、存储时间和安全保密等问题。数据的存储必须要考虑数据的组织,目的是为了数据的处理和检索。

3. 信息的传输

物流数据和信息在物流系统中,必须及时、准确传输到各个职能环节,才能发挥其功效,这就需要物流信息系统具有克服空间障碍的功能。现代化的信息传输是以计算机为中心,通过通信线路与近程终端或远程终端相连,形成联机系统;或者通过通信线路将中、小、微型计算机联网,形成分布式系统,衡量数据传输的指标是传输速度和误码率。

4. 信息的处理

物流信息系统的最基本目标,就是将输入数据加工处理成物流信息。信息处理可以是简单的查询、排序,也可以是复杂的模型求解和预测,信息处理能力是衡量物流信息系统能力的一个极其重要的方面。

5. 信息的输出

信息输出必须采用便于人或计算机理解的形式,在输出形式上力求易读易懂,直观醒目。这是评价物流信息系统的主要标准之一。

(三)物流信息系统的分类

按功能可将物流信息系统分为事务处理信息系统、办公自动化系统、管理信息系统、决策支持系统、高层支持系统、企业间信息系统。

按管理决策的层次可将物流信息系统分为物流作业管理系统、物流协调控制系统、物流决策支持系统。

按系统的应用对象可将物流信息系统分为面向制造企业的物流管理信息系统,面向零售商、中间商、供应商的物流管理信息系统,面向物流企业的物流管理信息系统,面向第三方物流企业的物流管理信息系统。

按系统采用的技术可将物流信息系统分为单机系统、内部网络系统以及与合作伙伴、客户互联的系统。

三、第三方物流管理信息系统

(一)第三方物流管理信息系统的概念

物流管理信息系统是企业管理信息系统的一个重要子系统,是通过对企业物流相关的信息进行加工处理,实现对物流的有效控制和管理,并为物流管理人员及其他企业管理人员提供战略及运作决策的人机决策系统。第三方物流管理信息系统,是专门针对第三方物流企业设计开发的物流管理信息系统,可以说是第三方物流服务的集成化、信息化、网络化与智能化。

(二)第三方物流管理信息系统的功能

第三方物流管理信息系统是把各种物流活动与某个一体化的过程联结在一起的通道,第三方物流一体化过程建立在基础信息、管理控制、决策分析、制订战略计划系统四个层次上。第三方物流管理信息系统不仅仅是作为一种提供信息的工具,协助完成物流作业功能,为第三方物流企业和客户创造价值,其系统本身也能够创造价值。一般来说,采用第三方物流服务的客户的第一利润,来自于自身核心业务成本的节省;第二利润是通过第三方物流企业调整供应链为他们节省出来的成本;第三方利润则是通过加强信息的流通来加快资金流转速度,这部分利润的获得,物流企业也是功不可没的。

(三)第三方物流管理信息系统的组成

典型的物流管理信息系统包括维持数据库的信息基础和执行组件两部分。

1. 信息基础

信息基础包含采购订货、存货状态和客户订货。

2. 执行组件

执行组件启动、监督和衡量活动是完成客户订货和补充订货所必需的。这类活动采用两种形式。

(1)计划和协调活动。用于生产和配置存货的计划和协调活动包括制订采购、生产和整个企业的物流资源分配等计划所必需的活动。

(2)作业活动。对客户订货进行入库、处理、装运和开票据等的作业活动包括管理和处理订货、操作配送设施、计划运输以及综合采购资源等所必需的活动。该过程由客户订货和企业补充订货两部分完成,客户订货反映了企业可提出的需求。

任务二 第三方物流企业信息系统

一、第三方物流企业信息系统运行的条件

在信息网络日益发达的现代社会中,信息已成为第三方物流企业的生命线,信息资源是第三方物流企业的一项重要财富。因此,建立第三方物流管理信息系统,使每个部门内部、部门之间、部门与外部单位的频繁、复杂的信息流畅通,充分发挥信息系统的作用,必须要有系统的规划设计,这是第三方物流管理信息系统开发的重要环节。为了使物流管理信息系统更好地满足用户的需求,必须先做好第三方物流管理信息系统的调查分析,其次要做好信息系统的可行性研究。

(一)第三方物流管理信息系统调查

分析和设计系统的前提是实事求是地全面调查。这一工作至关重要,其质量对于整个物流管理信息系统的开发具有决定性。系统调查是一项工作量大,涉及的业务和人、数据、信息非常多的工作。所以科学地组织和开展此工作非常重要。系统调查一般分为两个阶段,即初步调查和详细调查。

1. 初步调查

初步调查是可行性研究的前提和基础,主要包括以下内容。

(1)用户需求调查。初步调查的第一步是从用户提出新系统的缘由、用户对新系统的要求入手,考察用户对新系统的需求,预测新系统要达到的目的。

(2)企业概况。主要包括企业简史、目前规模、经营效果、管理体制、管理水平、设备资金、人员素质、企业的总目标和总任务等。

(3)现行信息系统的状况。主要包括现行信息系统的职能、工作内容、工作效率、可靠性和所采用的技术手段等。

(4)新系统的开发条件。主要包括:系统各类人员对新系统的态度;可提供的资源,包括可投入系统的人力(数量和质量)、物力(计算机设备、通信设备、辅助设备)和财力;管理基础工作,特别是企业的各种基础数据的完整和准确。

2. 详细调查

在进行系统分析之前,应对组织的管理业务工作进行详细的调查。详细调查的目的在于完整掌握现行系统的现状,使开发人员弄清实际情况,发现组织中的问题和弱点,获得必要的资料,它是合理制定方案和设计信息系统的基础。详细调查的主要内容,除要对初步调查中涉及的环节做进一步调查外,还应包括以下几个方面。

(1)组织机构及职能。调查系统内部各级组织机构,弄清企业部门的设置及行政隶属关系,详细了解各部门人员的业务分工情况,以及有关人员的工作职责、决策内容、存在的问题等。

(2)业务流程。逐个调查所有环节的处理业务、处理内容、处理顺序和处理时间的要求,弄清各个环节需要的信息、信息来源、流经去向、处理方法、计算方法、信息的时间和形态等。了解整个系统的业务流程以及物流和信息流的情况及相互关系等。

(3)各种计划、单据和报表。调查中要收集各类计划、单据和报表,了解各种报表、数据的格式、内容、处理的时间、效率等信息。

(4)约束条件。现行系统在人员、资金、设备及处理时间和方式等各方面的限制条件和规定。

(5)存在的问题。系统中存在的问题是新系统要解决和关心的主要问题,也是新系统目标的主要组成部分。因此要注意收集用户的各种要求,善于发现问题,并找到问题的关键所在。

(二)第三方物流管理信息系统的可行性研究

可行性研究是根据系统的环境、资源等条件,判断所提出的项目是否有必要、有可能开展。可行性研究的目的是实事求是地分析建立新系统的必要性和可能性,减少工作中的盲目性,避免不必要的损失,其任务是根据确定的问题,通过分析系统需要的信息技术、可能发生的投资与费用、产生的效益,确定将要开发的管理信息系统成功的可能性。在物流管理信息系统开发设计过程中进行可行性研究,对于保障资金的合理利用,避免浪费和失败都是十分重要的。判断第三方物流管理信息系统的设计是否具有可行性,可以从以下几个方面研究。

1. 目标或方案的可行性

目标或方案的可行性是指目标是否明确,方案是否切实可行,是否满足组织进一步发展的要求等。

2. 技术上的可行性

技术上的可行性指在现有的技术条件下,能否实现所提出的要求。考察技术上的可行性,主要根据现有的技术设备条件及准备投入的技术力量,分析系统在技术上实现的可能性。

在现有技术设备条件方面,应考虑计算机的内存容量、运算速度及输入输出设备等,是否能够满足信息系统在数据处理方面的需要,计算机网络技术、通信技术等的快速发展,为系统的实现提供了技术上的可行性。我国绝大多数的物流企业都有一定水平的计算机运用和管理技术,计算机的广泛使用,为建立第三方物流管理信息系统提供了坚实的物质基础和条件;计算机技术的发展,保证了速度、容量和可靠性等方面的可行性;计算机软件技术的发展,为在互联网中实现物流交易提供了技术上的支持,如基于互联网的电子商务技术,可以实现物流企业内部、物流企业之间及物流企业与客户之间的商务交易；数据库技术的发展，特别是数据仓库和数据挖掘技术的出现，可以满足各种不同类型的大容量数据的存储和使用，以及决策支持分析的需要；局域网、广域网技术特别是因特网技术的应用，使第三方物流企业的各部门以及分布在各个地方的物流企业之间，能快速、及时地进行信息传递，保证了第三方物流企业及时处理业务。

在准备投入的技术力量方面，应重点考察从事系统设计以及系统投入运行之后的维护管理人员的技术水平。信息系统设计和运营维护的各个阶段，需要各类技术人员的参与，如系统分析员、系统设计员、程序员、数据录入员、软硬件维护人员等。如果能投入的人员数量不足或技术水平不高，或投入人员缺乏系统中要用到的某些知识，则可认为此系统的设计方案在技术力量方面是不可行的。

3. 经济上的可行性

经济可行性分析是根据技术可行性分析的结果，分析、研究新系统的经济性，包括成本分析和效益分析。成本分析是对系统设计、运行整个过程的总费用（包括设备费用、软件开发成本、系统运行维护费用等）进行估算和预测，研究开发和维护新系统所需要的费用能否得到保证，有多少资源可以利用，有多少资金可以投入，应该建立什么规模的系统，资金分几批投入效果最好等。效益分析就是要研究系统开发后可能带来的经济效益。信息系统的经济效益有两个方面：一是直接效益，它是整个经济效益中很小的一部分；二是间接效益，它主要是从系统运行的技术指标等方面来考虑，信息系统的间接效益常常是巨大的。收益的估计是决策者最关心的问题，但是通常建立一个信息系统的收益是很难量化，很难用金钱来直接衡量的。

4. 管理上的可行性

管理可行性分析是在企业文化的基础上，根据所确定问题及技术和经济可行性的内容，对相关的运作、管理问题进行分析和研究，确定新系统的开发设计是否可管理，其目的是要确定所设计的新系统在管理中存在的潜在风险，主要包括管理人员对系统设计的态度和管理方面的基础工作等。管理人员对系统设计的态度，指企业领导及员工对新系统的认识、信息技术的使用能力等，如物流企业信息系统的开发设计受到企业管理人员和领导的支持，将使物流管理信息系统在开发设计的过程中，有充足的资金和组织保证。管理的基础工作包括：分析基础数据是否完整、正确；流程是否需要调整；信息载体是否规范；分析新系统开发设计的资源问题等。

5. 社会方面的可行性

由于第三方物流管理信息系统是在社会大环境中工作的，除了技术因素、经济因素、管理因素之外，还有许多社会因素对信息系统的设计开发起着制约作用。社会方面的可行性，主要指一些社会的或者人的因素对系统的影响。如某些特殊的原因（如体制问题、安全保密问题、制度问题等），不能向系统提供运行所必需的条件，管理模式的变化，以及人的权利、作用、职责、工作范围的变化等，都会对信息系统的开发和开发后的运行造成极大的影响。所以社会方面的可行性也是必须研究和考虑的因素。

二、第三方物流管理信息系统的特性

优秀的第三方物流管理信息系统不仅能够降低企业运营成本，提高运营效率和提高客户服务水平，还能够使物流企业在使用第三方物流管理信息系统的过程中，不断丰富和积累物流管理知识，提高物流企业的整体管理水平。企业选择第三方物流管理信息系统，与其说是一种信息技术选择，不如说是一种企业管理模式和市场竞争战略的选择。

(一) 可得性

第三方物流管理信息系统必须具有始终如一的可得性，包括订货、存货状况、订单信息等。另外，可得性还包括信息系统存取所需信息的能力，无论是管理上的或顾客方面的，还是产品订货位置方面的信息。

(二) 精确性

第三方物流管理信息系统必须精确反映当前物流服务状况和定期活动，以衡量订货和存货水平。精确性可以解释为物流系统报告与实物技术或实际状况相吻合的程度。平稳的物流作业要求实际的数据与第三方物流管理信息系统报告存在误差时，就要通过缓冲存货或安全存货的方式，来适应这种不确定性。

(三) 及时性

第三方物流信息系统必须能够提供即时的、最快速的管理信息反馈。如果订货信息不能及时由客户数据库进入第三方物流信息系统，这会使计划的有效性降低、存货增加。另外，条形码、物流 EDI 技术有助于及时而有效地记录数据。此外，GPS 也有助于提高物流信息系统的及时性。

(四) 识别异常情况

物流作业要与大量的客户、供应商和服务公司进行协作与竞争，要求物流信息系统应能有效识别异常情况。需要定期检查存货情况、订货计划及订货等物流信息，因此，要求第三方物流信息系统要结合决策规则，去识别这些需要管理者注意并做出决策的异常情况。

(五) 灵活性

第三方物流信息系统必须具有灵活反应能力，以满足系统用户和顾客的需求。第三方物流信息系统必须有能力提供能迎合客户需要的数据，如票据汇总、实时查询、成本综合分析、市场销售汇总及分析等。一个灵活的第三方物流系统必须适应这一要求，以满足未来企业客户的各项信息需求。

(六) 界面友好规范

第三方物流信息系统提供给用户的使用界面必须友好和规范，以适当的形式对物流信息进行表述，建立正确的物流信息表达结构，方便客户查询和阅读，方便客户打印和存档，便于企业报关及管理人员阅读和分析。

总之，物流信息系统是第三方物流企业参与市场竞争的关键，是提高客户服务水平的基础。

三、第三方物流企业信息系统设计方法

(一) 结构化生命周期法

第三方物流管理信息系统的开发设计有各种方法，其中结构化生命周期法，是一种应用普遍、在技术上较为成熟的、应遵循的物流管理信息系统设计方法，其主要特点如下。

(1) 先明确用户需求，根据需求设计系统。结构化生命周期法完全从用户的角度考虑，严格按阶段进行，可以保证系统的开发质量，减少系统开发的盲目性。

(2)运用系统的分解和综合技术将复杂的系统简化。自上而下的分解方法,将物流管理信息系统分解为相互独立而又相互联系的子系统,直至分解到只完成极少功能的模块为止。其目的是使功能简单化,便于分散设计和实施。已调试过的模块可以合并成子系统,已实施的各个子系统又可以合并成一个完整的信息系统,达到完成总体功能的目标。

(3)强调阶段成果的审定和检验制度。结构化生命周期法各开发阶段的划分十分明确。只有得到用户、管理人员和专家认可的阶段成果才能作为下一阶段工作的依据,否则不能开始下一阶段的开发。

(二)原型法

原型法开发第三方物流管理信息系统的思想,是在明确用户的基本需求以后,先建造一个原始模型系统,然后根据用户的需求,在一定时间内不断地进行原始模型的运行、修改,直到用户满意为止。快速的构造模型、修改原型的关键是必须有高性能的支持原型的构造工具,没有构造工具,原型法的所有优点都不可能实现。用原型法开发管理信息系统大致可以分成以下三个阶段。

(1)确定用户的基本需求。可以根据用户的基本需求,确定哪些要求是现实的,哪些要求是做不到的,用户需要的数据是否能够得到,同时还要估算开发原型的成本。

(2)利用原型来进一步认识用户的需求。一方面要记录系统存在的不足,另一方面要借助系统进行诱导,进一步弄清用户对系统的最终要求。

(3)修正和改进原型。

四、第三方物流企业信息管理系统的类型

(一)货物动态跟踪系统

货物动态跟踪系统利用物流条形码和 EDI 技术及时获取有关货物运输状态的信息(如货物品种、数量、货物在途情况、交货期间、发货地和到达地、货物的货主、送货责任车辆和人员等),提高了物流的运输服务。

1. 定义

货物动态跟踪具体来说就是物流运输企业的工作人员在向货主取货时,在物流中心重新集装运输时,在向顾客配送交货时,利用扫描仪自动读取货物包装或者货物发票上的物流条形码等货物信息,通过公共通信线路、专用通信线路或卫星通信线路把货物的信息传送到总部的中心计算机进行汇总整理,这样所有被运送的货物的信息都集中在中心计算机里。

2. 货物动态跟踪作用

货物跟踪系统提高了物流企业的服务水平,其具体作用表现在以下四个方面。

(1)方便顾客查询货物状态。顾客输入货物的发票号码,就可以查到该货物的相关信息。

(2)可以提高顾客服务水平。通过货物信息可以确认货物能否准确到达顾客手中,并能及时发现问题,以便于及时查明原因并及时改正,从而提高运送货物的准确性和及时性。

(3)提供差别化物流服务。这是物流企业获得竞争优势的一种手段。

(4)有利于物流信息分享。通过货物跟踪系统所得到的有关货物运送状态的信息丰富了供应链的信息分享源,有利于顾客做好接货以及后续工作的准备。

(二)配送中心信息管理系统

1. 配送中心信息管理系统概念

配送中心信息管理系统是指为实现配送中心的经营目标,对与其配送服务相关的信息进行收集、加工、处理、储存和传递来达到对物流、资金流等的有效控制和管理,并为企业提供信息分析和决策支持的人机系统。这个人机系统是以人为主体的系统,它对企业的各种数据和信息进行收集、传递、加工、保存,将有用的信息传递给使用者以辅助配送企业的全面管理。

2. 配送信息的分类

按载体分类,配送信息通常分为单据(凭证)、台账、报表、计划、文件等。

按信息来源分类,配送信息可分为外部信息和内部信息。外部信息包括供货信息、顾客信息、订货合同信息、交通运输信息、市场信息、政策信息等;内部信息包括消费者收入动向和市场动态、生产经营指标完成情况等。

按管理层次分类,配送信息可分为战略管理信息、战术管理信息、知识管理信息和操作管理信息。

3. 配送信息的特点

(1)信息量大、分布广。
(2)动态性强、实时性高、实效性强。
(3)信息种类多、来源多样化。
(4)信息标准化程度高。

4. 配送中心信息管理系统的功能

(1)货物跟踪管理。查询作业简便迅速,信息技术准确;便于事前事中控制,提高货物信息管理的准确性、及时性;作为竞争手段,提供差别化的物流服务;通过供应链管理系统的有效信息共享,便于客户接货和安排后续工作。

(2)采购管理。确定合理的订货量、选择优秀的供应商和保持最佳的安全储备是采购管理的重点所在。采购管理的目标是随时提供订购、验收信息,保持按要求订货、到货,建立供应商信息档案,提供最新的成本信息等。

(3)仓储管理。仓储管理是对库存商品进行全面的管理,包括商品管理、入库管理、出库管理、库存盘点等部分。它帮助企业的仓储管理人员对库存物品的入库、出库、调拨、报损和盘点等操作进行全面的控制和管理,以达到降低库存、减少资金占用,提高客户服务水平,保证物流活动顺利进行的目的。

(4)运输管理。运输管理基本功能主要包括客户、车辆、运输路线等基础信息的输入和维护。运输管理信息功能主要包括运输订单的输入、处理和执行等一系列功能。

(5)财务管理。财务管理分析库存增长、生产计划、订单数量等,确定订单的大致情况,以及财务处理和统计,提供客户财务结算功能,进行日报、周报、季报、年报的处理,并对企业的收入和成本进行统计分析,为企业的经营决策提供可靠的数据。

(三)电子自动订货系统

电子自动订货系统(Electronic Ordering System,EOS)是指企业间利用通信网络和终端设备以在线连接方式进行订货和订货信息交换的系统。EOS 按照应用范围可分为企业内的 EOS(如连锁店经营中各个连锁分店与总部之间建立的 EOS 系统)和零售商与批发商之间的

EOS。EOS能及时准确地交换订货信息，它在企业物流管理中的作用如下。

（1）对于传统的订货方式，如上门订货、邮寄电话，以及电话、传真订货等，EOS可以缩短从接收订单到发出订货的时间，缩短订货商品的交货期，减少商品订单的出错率，节省人工费。

（2）有利于减少企业的库存，提高企业的库存管理效率，同时也能防止商品特别是畅销商品缺货现象的出现。

（3）对于生产厂家和批发商来说，通过分析零售商的商品订货信息，能准确判断畅销商品和滞销商品，有利于企业调整商品生产和零售计划。

（4）有利于提高企业物流信息系统的效率，使各个业务信息子系统之间的数据交换更加便利和迅速，丰富企业的经营信息。

企业在应用EOS时应注意以下几点：

（1）订货业务的标准化，这是有效利用EOS的前提条件。

（2）商品代码的设计。在零售行业的单品管理方式中，每一个商品品种对应一个独立的商品代码，商品代码一般采用国家统一规定的标准。对于统一标准中没有规定的商品则采用本企业自己规定的标准。商品代码的设计是应用EOS的基础条件。

（3）订货商品目录账册（order book）的做成和更新。订货商品目录账册的设计和运用是EOS成功的重要保证。

（4）计算机、订货信息输入输出终端设备以及EOS设计是应用EOS的基础条件。

（5）需要制订EOS应用手册并协调部门间、企业间的经营活动。

（四）销售时点信息系统

销售时点信息系统（Point of Sale，POS）是指通过读取设备（如收银机）在销售商品时直接读取销售信息（如商品名、单价、数量、销售数量、销售店铺、购买客户等），并通过通信网络和计算机系统传送至有关部门进行分析加工以提高经济效率的系统。POS系统最早应用于零售业，之后逐渐扩展至其他如金融、酒店等服务性行业，利用POS信息的范围也从企业内部扩展至整个供应链。

（五）智能运输系统

美国、日本和西欧等发达国家为了解决共同面临的交通问题，竞相投入大量资金和人力，开始大规模地进行道路交通运输智能化的研究试验。起初只是进行道路功能和车辆智能化的研究，随着研究的不断深入，系统功能扩展到道路交通运输的全过程及其有关服务部门，发展成为带动整个道路交通运输现代化的智能运输系统（Intelligent Transportation System，ITS）。

智能运输系统将先进的信息技术、计算机技术、数据通信技术、传感器技术、电子控制技术、自动控制技术、运筹学、人工智能等学科成果综合运用于交通运输、服务控制和车辆制造，加强了车辆、道路和使用者之间的联系，从而形成一种定时、准确、高效的新型综合运输系统。其服务领域为先进的交通管理系统、出行信息服务系统、商用车辆运营系统、电子收费系统、公共交通运营系统、应急管理系统、先进的车辆控制系统。

智能运输系统利用各种高新技术，特别是电子信息技术来提高交通效率，增加交通安全性和改善环境的技术经济系统。智能运输系统是在较完善的交通基础设施之上，将先进的信息技术、通信技术、控制技术、传感器技术和系统综合技术有效集成，应用于地面交通系统，从而建立起来的大范围内发挥作用的，实时、准确、高效的交通运输系统。

(六)决策支持系统

决策支持系统(Decision Support System,DSS),是以管理科学、运筹学、控制论和行为科学为基础,以计算机技术、仿真技术和信息技术为手段,针对半结构化的决策问题,支持决策活动的具有智能作用的人机系统。该系统能够为决策者提供所需的数据、信息和背景资料,帮助明确决策目标和问题的识别,建立或修改决策模型,提供各种备选方案,并且对各种方案进行评价和优选,通过人际交互功能进行分析比较和判断,为正确的决策提供必要的支持。其相关应用有以下几个方面。

1. 基础数据及事务处理层

事务处理层是应用软件中最基础的层次,也是最为庞大和繁琐的一层,所采集的信息是大量业务基础数据,如宏观经济、农业信息数据库、人口统计数据库等。另外还包括对各类数据进行分析、统计、查询等事务处理的应用系统,如月度、季度、年度等宏观经济监测系统、预警分析系统,宏观经济跟踪、预测、预警系统等。

在决策支持系统中需要对该层的信息系统进行分类、加工和整理,形成决策支持系统中的元数据。

2. 统计分析管理监控层

统计分析管理监控层根据将业务基础数据经过抽取或加工后所形成的信息,对其业务范围内的业务情况进行信息查询、信息分析、监督管理和检查。

统计分析管理监控层在经过抽取和整理的元数据的基础之上,建立各种统计分析模型,如计量经济模型、多方程时间序列统计模型、神经网络及投入产出模型等。通过模型的定义和开发,利用构成的经济模型,对经济系统中各方面给出分析结果,包括因素分析、预测和政策模拟。要求系统能自动调用和集成不同类型的分析工具,例如回归分析和投入产出的自动结合。

3. 辅助决策层

辅助决策层根据统计分析管理监控层的各种分析模型,进行多维的、更为复杂的综合分析和计算,从中发现各种趋势(如宏观经济趋势预测),找出内在规律,为各级领导的决策业务提供切实有效的帮助。

每一个业务系统都包含针对其相应业务的辅助决策子系统,在各业务辅助决策子系统的支持下,还可以拓展面向综合性的辅助决策系统。

【项目小结】

本项目首先介绍了物流信息、物流信息系统的概念、特征及分类,在此基础上,介绍了第三方物流管理信息系统的要素及组成。第三方物流管理信息系统是企业管理信息系统的一个重要子系统,是通过对企业物流相关的信息进行加工处理,实现对物流的有效控制和管理,并为物流管理人员及其他企业管理人员,提供战略及运作决策的人机决策系统。

然后,介绍了第三方物流管理信息系统运行的条件及具备的特征。优秀的物流管理信息系统应具有以下特性:可得性、精确性、及时性、识别异常情况、灵活性、界面友好规范。

最后,介绍了第三方物流管理信息系统设计的方法,即结构化生命周期法和原型法,并介绍了第三方物流企业信息管理系统的六个子系统功能模块,即货物动态跟踪系统、配送中心信息管理系统、电子自动订货系统、销售时点信息系统、智能运输系统、决策支持系统。

【技能训练】

选择一家信息化程度较高的物流企业作为考查对象(如果当地存在这样的企业,优先选择当地最先进的;如果当地不存在,可以借助网络选定一家本省内的),了解其采用先进的物流信息技术的状况,掌握其物流信息服务平台的运营状况。

【同步测试】

一、单选题

1.物流活动中最重要的信息是(　　)。
A.订货信息　　　B.库存信息　　　C.发货信息　　　D.物流管理信息

2.(　　)已成为第三方物流企业的生命线。
A.资金　　　B.物流　　　C.商品　　　D.信息

3.第三方物流管理信息系统的开发设计有各种方法,主要有结构化生命周期法和(　　)。
A.原型法　　　B.鱼刺图　　　C.企业系统规划法　D.战略目标转移法

4.(　　)是指物流运输企业利用物流条形码和EDI技术及时获取有关货物运输状态的信息,提高物流运输服务的方法。
A.货物动态跟踪系统　　　　　B.自动订货系统
C.配送中心管理系统　　　　　D.销售时点信息系统

5.(　　)是以管理科学、运筹学、控制论和行为科学为基础,以计算机技术、仿真技术和信息技术为手段,针对半结构化的决策问题,支持决策活动的具有智能作用的人机系统。
A.智能运输系统　　　　　　　B.电子自动订货系统
C.决策支持系统　　　　　　　D.采购管理系统

二、多选题

1.物流信息具有的主要特征有(　　)。
A.共享性　　B.广泛性　　C.联系性　　D.动态性　　E.多样性

2.物流信息系统的功能有(　　)。
A.信息输入　B.信息输出　C.信息存储　D.信息处理

3.典型的物流管理信息系统由维持数据库的(　　)两部分组成。
A.信息基础　B.数据收集　C.执行组件　D.管理控制

4.物流信息按作用不同可以分为(　　)。
A.计划信息　　　　　　B.控制及作业信息
C.统计信息　　　　　　D.支持信息

5.判断第三方物流管理信息系统的设计是否具有可行性,可以从(　　)方面研究。
A.目标或方案可行性　　　B.技术上的可行性
C.经济上可行性　　　　　D.管理上的可行性
E.社会方面的可行性

三、简答题

1. 物流信息及其特点是什么？
2. 第三方物流管理信息系统的要素有哪些？
3. 优秀的第三方物流信息系统应具有哪些特征？
4. 简述第三方物流信息系统运行的条件。
5. 第三方物流信息系统的设计方法是什么？各自有何特点？

四、案例分析

华美超市与光明乳业之间建立了自动订货系统。华美超市各门店在每天晚上 12 点之前汇总当天光明乳业的牛奶销售情况和库存信息，并在次日上午 9 点前将该数据传送至华美总部电子数据交换系统，这些数据处理后在当天中午 12 点加载到光明乳业有效客户反应系统。光明乳业收到数据后，根据天气、销售、促销指标等因素进行订单预测，经预测的订单产生后，公司开始做发货准备，并将订单数据发送到华美总部电子数据交换系统，华美门店当日晚上 9 点前将收到收货信息，光明乳业在第三天上午 6 点半以前将所订的牛奶送到华美各门店。华美各门店在收到货物后，除了在收货单据上签收外，还必须在当日中午 12 点之前将收货信息自动导入管理信息系统。

自动订货系统的推行，使牛奶这一冷链商品在门店销售中既保证了鲜度又扩大了销量。同样的方式，"个性生鲜"的特点逐步在华美扎根生长。

阅读以上材料，请回答下面的问题：

(1) 什么是自动订货系统？谈谈你对它的理解。
(2) 结合华美超市与光明乳业的成功经验，你认为自动订货系统能给企业带来哪些收益？

项目七 第三方物流企业发展战略

【知识目标】

了解第三方物流企业的发展思路。
熟悉第三方物流企业的经营策略。
熟悉第三方物流企业的整合策略。
了解第三方物流企业的风险,掌握其规避风险措施。

【技能目标】

学会运用第三方物流企业的经营策略及整合策略。
具备第三方物流企业风险规避的基本技能。

【案例导入】

宝供与宝洁的战略联盟

美国宝洁公司是世界最大的日用消费品生产企业。1992年,宝洁公司进入中国市场,并在广东地区建立了大型生产基地。对于刚刚进入中国市场的宝洁公司,产品能否及时、快速地运送到全国各地是其能否迅速抢占中国市场的重要环节。

作为日用产品生产商,宝洁公司的物流服务需求对响应时间、服务可靠性以及质量保护体系具有很高的要求。在筛选第三方物流企业时,宝洁公司发现宝供承包铁路货运转运站,以"质量第一、顾客至上、24小时服务"的经营特色,提供"门到门"的服务。于是,宝洁公司将物流需求建议书提交给宝供,对宝供的物流能力和服务水平进行试探性考察。

围绕着宝洁公司的物流需求,宝供设计了业务流程和发展方向,制定严格的流程管理制度,对宝洁公司产品"呵护备至",达到了宝洁公司的要求,同时宝供长期良好合作的愿望以及认真负责的合作态度,受到了宝洁公司的欢迎,使得宝供顺利通过了考察。宝洁公司最终选择了宝供作为自己的合作伙伴,双方签订了铁路运输的总代理合同,开始了正式的合作。

在实施第三方物流服务过程中,宝供针对宝洁公司的物流服务需求,建立遍布全国的物流运作网络,为宝洁公司提供全过程的增值服务,在运输过程中保证货物按照同样的操作方法、模式和标准来操作,将货物运送到目的地后,由受过专门统一培训的宝供储运的员工进行接货、卸货、运货,为宝洁公司提供门到门的"一条龙"服务,并按照严格的GMP质量管理标准和SOP运作管理程序,将宝洁公司的产品快速、准确、及时地送到全国各地的销售网点。双方的初步合作取得了相当好的成效,宝供帮助宝洁公司在一年内节省成本达600万美元,宝洁公司高质量高标准的物流服务需求也极大提高了宝供的服务水平。

随着宝洁公司在中国业务的增长,仓库存储需求大幅度增加,宝供良好的运作绩效得到了宝洁公司的认同，进一步外包其仓储业务给宝供。针对宝洁公司的物流需求，宝供规划设计和实施物流管理系统，优化业务流程，整合物流供应链，以"量身定做、一体化运作、个性化服务"模式满足宝洁公司的个性化需求，提高物流的可靠性，降低物流总成本。在双方合作关系推动下，宝供建立了高水准的信息技术系统以帮助管理和提供全面有效的信息平台，实现仓储、运输等关键物流信息的实时网上跟踪，实现与宝洁公司电子数据的无缝衔接，使宝洁公司和宝供作业流程与信息有效整合，从而使物流更加高效化、合理化、系统化。宝供严格和高质量的物流服务，极大地降低了宝洁公司的物流成本，缩短订单周期和运输时间，提高了宝洁公司的客户服务水平；而宝供在宝洁的促使下物流服务水平不断提升，成为国内领先的第三方物流企业。

宝洁公司针对自身需求选择宝供作为第三方物流服务提供商，开展了合作伙伴关系，在这种合作模式下，实现了"双赢"的目标。在物流市场需求日益增长和国际国内激烈的市场竞争环境下，宝洁公司应用第三方物流的成功，为中国工商企业采购第三方物流服务、选择物流服务提供商树立了标杆。

第三方物流企业能降低物流成本，缩短订单周期和运输时间，改善客户响应能力，也能为客户创造价值。工商企业选择合适的第三方物流服务提供商，首先需要准确界定自身的物流需求，然后选择能够满足企业需求和目标的提供商，最后对提供商进行关系管理和绩效评估。企业应用第三方物流在改善服务绩效的同时，能显著降低物流总成本。

（资料来源：http://info.10000link.com/newsdetail.aspx?doc＝2008121000036＆appinstall＝0）

任务一　第三方物流企业市场环境分析与发展思路

战略是企业经营和发展的指导思想，一个企业、一个地区乃至一个国家的发展都离不开正确的战略指导。现代第三方物流理念的出现，使大量传统的、以单一职能运营为主要服务手段的物流企业开始重新思考自己的发展方向。第三方物流企业如何发展，是目前困扰大多数物流企业经营者的首要问题。

一、第三方物流企业发展战略概述

1. 第三方物流企业发展战略的定义

第三方物流企业发展战略，是指第三方物流企业为了寻求企业的可持续发展，就企业物流发展目标以及达到目标的途径与手段而制定的长远性、全局性的规划和谋略。制定第三方物流企业发展战略：一方面能够让第三方物流企业明确未来发展方向和目标，指出企业实现目标的正确方法，从而帮助第三方企业更好地组织和利用现有资源；另一方面，由于战略的整体性和前瞻性，第三方物流企业发展战略还能使企业了解整个物流行业发展状况和行业内竞争对手的状态，帮助企业预见其现今和未来发展中存在的风险，从而更有利于第三方物流企业在市场竞争中获得竞争优势。

2. 第三方物流企业发展战略框架

第三方物流企业发展战略框架主要分为四个层次。

（1）全局性战略。物流管理的最终目标是满足用户需求，因此，用户服务应该成为物流管理的最终目标,即全局性的战略目标。通过良好的客户服务,可以提高企业的信誉,获得第一手市场信息和用户需求信息,增加企业和用户的亲和力并留住顾客,使企业获得更大的利润。

要实现用户服务的战略目标,必须建立用户服务的评价指标体系,如平均影响时间、订货满足率、平均缺货时间、供应率等。虽然目前对用户服务的指标还没有统一的规范,但通过实施用户满意工程,可全面提高用户服务水平。

(2)结构性战略。第三方物流企业发展战略的第二个层次是结构性战略,主要是指通过优化渠道,提高物流系统的敏捷性和响应性,使供应链获得最低的物流成本,以及通过对库存状况、用户服务调查、运输方式及交货状况和合作伙伴业绩的评估和考核等进行分析,为物流系统的优化设计提供参考依据。

(3)功能性战略。第三方物流企业发展战略的第三个层次是功能性战略,主要包括物料管理、仓库管理、运输管理3个方面。物料管理与运输管理的主要内容是必须不断地改进管理方法,使物流管理向零库存这个极限目标努力。降低库存成本和运输费用,优化运输路线,保证准时交货,实现物流过程适时、适量、适地的高效运作。

(4)基础性战略。第四个层次的战略是基础性战略,即通过对组织系统、信息系统、基础设施及政策的管理为物流系统的正常运行提供基础性保障。

二、第三方物流企业市场环境分析

制订一个物流战略计划的首要因素,就是要了解影响该战略计划的市场环境。第三方物流企业市场环境主要包括宏观经济与社会环境、物流行业发展环境和第三方物流企业竞争环境。第三方物流的出现是市场经济机制下,现代制造业、商业企业等后勤保障社会化充分发展的结果,体现了物流业高级化发展的趋势和要求,它的成长需要良好的市场环境。我国目前市场环境应当说已具备了快速发展第三方物流的基本条件。

1. 宏观经济与社会环境

我国国民经济连续多年高速增长,为第三方物流发展创造了良好的条件,主要表现在以下5个方面:

(1)买方市场的形成打破了以往短缺经济下的市场供求格局,服务和质量得到了企业前所未有的重视,为第三方物流企业提供了生存和发展的基础。

(2)企业改革的深化以及市场竞争的加剧,促使越来越多的企业开始考虑如何降低物流成本以获得"第三利润源",这是第三方物流发展的微观基础。

(3)网络经济和电子商务的兴起为第三方物流发展提供了强大的动力,同时现代信息技术也为发展第三方物流奠定了技术基础。

(4)发达国家供应链管理的成功经验以及第三方物流企业发展的成功实例等为国内第三方物流企业提供了"教材"和"范例"。

(5)我国政府对于物流产业的重视与支持对第三方物流的发展具有决定性意义。

2. 物流行业发展环境

在我国国民经济连续高速增长的同时,对外贸易也有了突飞猛进的增长。我国加入WTO后,对外贸易水平得到发展并取得长足进步,同时我国物流各方面也都有实质性的推进。制造业、商贸业、国际贸易成为现代物流发展的主角,从此现代物流正式登上中国经济舞台的起点,并取得重大进展。近年来对外贸易对经济增长的贡献率平均达到17%~20%。对外贸易的飞速发展,一方面带来了巨大的物流需求,促进了现代物流技术的进步,另一方面也给物流企业及社会的物流预测管理等技术方面提出了更高的要求。

3. 第三方物流企业竞争环境

虽然我国第三方物流企业的发展具备了良好的宏观环境和行业环境,但也面临来自国内外竞争者的多重压力。

(1)国外物流企业的威胁。近年来,国际上著名的第三方物流公司纷纷看好中国的巨大市场,采取合资或独资形式,开始在我国开展物流业务,如日本的通运、住友、三菱,澳大利亚的TNT和英国的英之杰等公司已在上海、北京、广州、武汉等大中城市建立物流机构和货运网络。随着国外第三方物流企业在中国的落地生根,这些物流企业借助它们牢固的物流网络及物流联盟,运用先进的物流专业知识和物流管理经验,为客户提供完善的综合物流服务,在快运网络、国际航运、综合物流服务网络等多个方面对我国第三方物流企业造成了巨大的冲击和威胁。

(2)国内传统物流业的冲击。我国部分物流企业由传统的仓储、运输企业转型而来,基础设施落后,库存结构不合理,管理方法因循守旧,服务功能不全,服务水平不高,企业之间是一种粗放式的竞争格局。传统物流企业整体资源利用率不高、现代物流设施不足、作业水平低下等情况严重制约着我国第三方物流企业的发展。

(3)大型企业自营物流社会化的竞争。从2001年开始,中国大型生产或流通企业掀起自营物流体系社会化的风潮。中国家电集团海尔成立物流公司,在内部物流业务整合的基础上,逐步对社会开放,成为独立的第三方物流企业,并与中国邮政全面合作。其余家电巨头纷纷效仿,也构筑独立的物流体系。有些零售业巨头也开始加强在物流配送方面的投入,形成独立于自身零售体系之外的第三方物流配送中心。大型制造或流通企业物流体系的社会化,对发展中的第三方物流企业带来了不可避免的冲击。

(4)大型财团投资物流项目。随着物流业在中国的兴起,大量闲散的、得不到很好投资渠道的资金纷纷投资物流业,如上海南方物流,其投资商本身是以房地产项目为主,却投资上海南方物流;上海实业、华润、华北高速等大型投资商,也将物流作为新的投资重点。这些新加入者给原有的物流公司形成巨大的压力,同时也为物流市场输入了新的血液。

三、我国第三方物流企业的发展思路

国内外竞争者的多重压力,对中国第三方物流企业发展形成严峻的挑战。当务之急是如何采取切实有效的措施,加快中国第三方物流企业的发展,缩小与发达国家物流企业之间的差距。

1. 加快产权制度改革,激发企业活力

中国现有的第三方物流企业,多数是从国有仓储、运输企业转型而来的,带有许多计划经济的遗迹,不能适应国际市场竞争。因此,必须建立股权多元化的股份制企业以及完善的法人治理结构,理顺权益关系,实现政企分开、所有权和经营权分离,保证企业按市场规则运作,激发企业活力,向现代物流业转化。特别是规模较大的企业,一方面要进行内部的整合,优化内部资源配置,如中远集团在整合现有物流资源和中国外轮代理公司业务的基础上,2002年初成立中远物流公司,重新构建覆盖全球的物流服务网络;另一方面,借助资本市场的力量,进行企业改制上市,吸收和利用社会闲散资金,克服资本金不足的缺陷,促使企业快速成长,加快现代企业制度的建立和运作。

2. 以信息技术为核心,加强网点建设

信息化是衡量现代物流企业的重要标志之一,许多跨国物流企业都拥有"一流三网",即订单信息流、全球供应链资源网络、全球用户资源网络、计算机信息网络。借助信息技术,企业能够整合业务流程,能够融入客户的生产经营过程,建立一种"效率式交易"的管理与生产模式。在加入WTO的形势下,物流市场从国内扩展到国际,能否有四通八达的网络愈发重要。企业一方面要根据实际情况建立有形网络,若企业规模大、业务多,可自建经营网点;若仅有零星业务可考虑与其他物流企业合作,共建、共用网点;还可以与大客户合资或合作,共建网点。如2001年,中远集团和小天鹅、科龙联合成立安泰达物流公司,合理配置异地货源,取得可观效益。另外,企业要建立信息网络,通过互联网、管理信息系统、数据交换技术等信息技术实现物流企业和客户共享资源,对物流各环节进行实时跟踪、有效控制与全程管理,形成相互依赖的市场共生关系。

3. 培育具有国际竞争力的物流集团,实行集约化管理

在市场经济中,一切要靠实力说话,只有具备了强大的经济实力,才能有可靠的资信保证。中国仓储协会调查显示,企业在选择第三方物流企业时最看重的是物流满足能力和作业质量。同时,第三方物流企业只有具备一定规模,才有可能提供全方位的服务,才能实现低成本扩张,实现规模效益。中国许多第三方物流企业都是计划经济时期商业、物资等储运企业转型而来,都有特定的服务领域,彼此间竞争不大。若要适应新时期的竞争需要,必须打破业务范围、行业、地域、所有制等方面限制,树立全国一盘棋的思想,整合物流企业,鼓励强强联合,组建跨区域的大型集团,而且只有兼并联合,才能合理配置资源和健全经营网络,才有可能延伸触角至海外,参与国际市场竞争。

4. 强化增值服务,发展战略同盟关系

从物流业的发展趋势看,那些既拥有大量物流设施、健全网络,又具有强大全程物流设计能力的混合型公司发展空间最大,只有这些企业才能把信息技术和实施能力融为一体,提供"一站到位"的整体物流解决方案。因此,中国物流企业在提供基本物流服务的同时,要根据市场需求,不断细分市场,拓展业务范围,以客户增效为己任,发展增值物流服务,广泛开展加工、配送、货代等业务,提供物流策略和流程解决方案、搭建信息平台等服务,用专业化服务满足个性化需求,提高服务质量,以服务求效益。第三方物流企业要通过提供全方位服务的方式,与大客户加强业务联系,增强相互依赖性,发展战略伙伴关系。

5. 重视物流人才培养,实施人才战略

企业的竞争归根到底是人才的竞争。我们与物流发达国家的差距,不仅仅是装备、技术、资金上的差距,更重要的是观念和知识上的差距。只有物流从业人员素质不断提高,不断学习与应用先进技术与方法,才能构建适合中国国情的第三方物流业。

在物流从业人员中,75%~85%的人员是从事货物的分拣、包装、配货等具体现场物流作业操作的基层操作人员,即初级物流人才。对于初级物流人才的培养,一方面可以通过高职高专等职业教育进行培养;另一方面可大力发扬企业在初级物流人才培养方面的作用,通过"校企合作""校企联合办学"等方式,使学生能深入到企业一线去学习,最大限度锻炼学生的动手能力,使学生毕业时具备一定的具体岗位技能和操作能力,就业后能迅速投入工作角色中。同时,由于我国物流业起步较晚,在物流基层操作人员中有相当一部分是未经过学历教育的物流

从业人员,对于这部分人员,应通过物流上岗培训、物流资格证书培训等非学历教育来提升其专业素质。

此外,中高级物流人才是制定物流战略规划、监控与协调区域物流管理的主力军,其缺乏对于第三方物流发展的专业素养较之初级物流人才的不足更为严重。可以通过加大开设物流本科专业甚至是物流研究生专业的数量,扩大本科和研究生物流专业的招生规模,以此来增加物流中高级人才储备。

发展第三方物流是一项系统工程,仅靠物流企业自身的努力是远远不够的,还需要政府和行业协会的推动和调控,为第三方物流企业发展创造良好的外部环境。一是尽快建立健全相应的政策法规体系,特别是优惠政策的制定和实施,使第三方物流的发展有据可依;二是尽快建立规范的行业标准,实施行业自律,规范市场行为,使物流业务运作有规可循;三是发挥组织、协调、规划职能,统一规划,合理布局,建立多功能、高层次、集散功能强、辐射范围广的现代物流中心,克服条块分割的弊端,避免重复建设和资源浪费现象,促进第三方物流健康、有序发展。

任务二　第三方物流企业的经营策略

第三方物流的产品是为客户提供专业的物流服务,因此,必须在满足顾客服务要求的基础之上规划和设计与其发展战略的经营目标相符合的服务产品组合,并通过有效的运营和控制,依靠企业所提供的独特的产品和服务去获得竞争优势,扩展企业业务。第三方物流企业需要根据不同层次的顾客、不同范围的市场,同时结合企业自身特点来制定相应的物流经营策略,确定企业的组织方式和运作模式。

一、第三方物流企业的类型

根据企业之间一些共同的特征可以将第三方物流企业划分为几种类型。在此,以物流服务范围和机能整合度来分析物流企业的战略形式。物流服务的范围主要是指营业区域的广度、输送机构的多样性、保管及流通加工等附带服务的广度等;机能整合度是指提供物流服务所必需的机能,企业自身拥有多少。物流服务所必要的机能除了物理输送机能外,还包括营业、集配、配车、保管、流通加工、信息、企划等各种机能。按照以上两个标准来划分,可以将物流企业分成以下 4 种类型。

第一种类型是机能整合度高、物流服务范围广的企业,属于物流业界的先驱,它是一种综合性物流企业,这种企业的业务范围往往是全国或世界性规模,因而也被称为超大型物流业者(Mega-carrier)。超大型物流业者因为能对应货主企业的全球化经营战略、从事国际物流业务,所以,其服务能力备受注目。

第二种类型是机能整合度高、物流服务范围较窄的企业,其特征是通过系统化提高机能整合度来充分发挥竞争优势,例如,宅急便公司、专业型物流企业、外航船运公司等都属于这种类型。这类企业集中于特定的物流服务。在这类服务领域,企业拥有高水准、综合的物流服务机能,因此,在特定市场,其他企业难以与之竞争。

第三种类型是物流服务范围广、机能整合度低的企业。一般来讲,此类企业是物流市场中的运输代理者。代理运输企业虽然利用各种运输机构提供广泛的输送服务,但实际上自身并不拥有运输手段,因此,它们是一种特定经营管理型的物流企业。这类企业由于不用在输送手段上进行投资,因而能够灵活对应市场环境的变化。但是,在输送机能管理不充分的情况下,它们往往缺乏物流服务的信赖性。

第四种是机能整合度低、物流服务范围较窄的企业,通常是以局部市场为对象、在特定市场从事特定机能物流活动,这类企业也被称为缝隙型企业。

二、第三方物流企业的经营战略选择

1. 先驱型物流企业的战略选择——整合型物流

整合型物流的优点是能实现一站托运。货主企业随着活动的不断扩大,其发货、进货范围也将逐渐延伸到全国或海外市场。在这种状况下,输送手段不仅涉及货车,而且必须综合利用铁路、航空、海运等各种运输手段。整合型物流企业对应于货主复杂多样的物流需求,从事多元化的物流服务。

如果整合型物流企业能实现物流服务供给中经营资源的共有化,那么这些企业就能在效益方面产生乘数效应。例如,通过建成集商品周转、流通加工、保管机能为一体的整合型物流设施或实现输送、保管等物流机能的单一化管理,就能最大限度地降低综合物流业者的服务成本。但是,企业组织的巨大化也会带来间接成本增加、费用提高等风险。

2. 机能结合型物流企业的战略选择——系统化物流

机能结合型企业经营战略的特点是以对象货物为核心,导入系统化的物流,通过推进货物分拣、货物追踪系统提供高效、迅速的输送服务。同时,从集货到配送等物流活动全部由企业自身承担,实现高度的机能结合。但是,由于这种以特定货物为对象构筑的系统一般货物运输无法适应,因此,物流服务的范围受到限制。

对于机能结合型企业来讲,机能的内涵和服务质量是这类企业共同的基础和核心。机能的弱化和陈旧,将直接动摇企业在特定物流市场上的地位,所以,不断提高机能的结合度,发展机能深度和广度是此类型企业发展的根本战略。

3. 运输代理企业的战略选择——柔性物流

与机能结合型企业相对的是运输代理企业。这类企业以综合利用铁路、航空、船舶运输等各种手段,开展货物混载代理业务。代理企业的最大优点是企业经营具有灵活性,物流企业可以根据货主企业的需求提供最适合的物流服务。

第三方物流业者中既有自己拥有货车、仓库等资产的企业,也有自己不拥有任何物流设施,而是采取租赁经营的企业。这两种类型的企业物流服务范围都很广,前者逐渐向机能结合型企业发展,而后者则成为纯粹的货主物流代理业者。运输代理型企业的经营战略主要是向无资产的第三方物流业者发展。由于企业实质上并不拥有整合的物流机能,因而可以灵活、彻底地提高物流效率。

4. 缝隙型企业的战略选择——差别化、低成本物流

在经营资源数量和质量方面都受限制的中小企业,必须发挥在特定机能或特定物流服务方面的优势,在战略上实现物流服务的差别化,降低经营成本。

以运输服务为例,只要在货车、车库等设施达到一定水准的条件下,任何企业都能够参与。因此,这种无差别物流服务的企业只有不断降低物流费用,实行低价格竞争,才能够生存、发展。通常的措施除了加强企业内部管理,还可以根据运输周期或货物特性实行弹性价格政策。

尽管缝隙型企业较难实现差别化,但是也存在通过集中给特定顾客层提供附加服务,进而成功地实现差别化的事例。例如,仓储租赁服务是刚兴起不久的新型物流形式,它通过出租仓储,安全保管顾客存放的任何货物(大宗商品、书籍、字画等高价商品或贵重物品)来突出物流服务的差别化。

【知识链接】

集成物流的发展与思考

(1)集成物流具有很强的目的性。集成是一项活动过程和结果,同时也是一种方法。集成突出强调集成主体的目的性、组织性和行为性。因此,集成的思想和方法被广泛用于构造复杂系统和解决复杂系统的效率问题。

集成物流的业务是非常繁杂的:从覆盖地域来讲,它可能随着顾客的市场边界的扩大延伸到全国各地,乃至世界各地;从涉及的物流业务环节看,它可以覆盖到从前端的采购到后端的供应等环节,因而应具备满足顾客需求的各种业务功能,如储运、增值服务、海运空运陆运各环节的报关代理、代理采购、金融保险、售后服务、逆向物流等。物流集成活动是集成主体为实现某一具体目标而进行的有意识、有目的的活动。它通过充分发挥各集成要素的优势,最终实现整体优化目标。

(2)集成物流具有清晰的目标定位。中外物流行业的差距主要表现在对物流的定位方面。优秀的物流企业一般都有清晰明确的定位,专注于自己的强项,比如 UPS 就专注空运,马士基专注于船运,FedEx(联邦快递公司)则专注于包裹快递业务等。对集成物流系统而言,在进行系统设计之前必须首先明确其将要专注从事的目标领域,然后才是根据所要专注目标领域的特点,集中资源进行组织结构规划、信息平台构建、网络布局设点、运作模式选择与物流资源的整合和系统设计。

作为现代物流的运营模式,集成物流服务商必须拥有深度的专业知识,必须是某个行业或某种产品的物流服务专家。只有这样才能够一方面不断地开发老客户的新需求,即不断地修正物流解决方案;另一方面利用自己的专业特长和优势,发展新客户。综观当今物流业界的霸主,哪个不是某个行业、某个领域或某种产品的物流服务专家,如 UPS 是快递物流专家,Ryder 是货运物流专家,Fritz 是货代物流专家,Burnham 是电子产品和办公设备物流专家,USCO 是仓储物流特别是制药业物流专家,Wallenius Wilhelmsen 是滚装货物和汽车物流专家,Con-Way 是专为中小型企业提供供应链整合服务的专家,等等。现代物流产业的物流市场从本质上来说,它依然是与工业化相适应的一个分工协作的体系。

(3)集成创新是现代物流发展的新趋势。集成创新是自主创新的一个重要内容,它把各个已有的技术单项有机地组合起来、融会贯通,构成一种新产品或经营管理方式,创造出新的经济增长点。集成创新的概念虽然还无定论,但无论何种表述都一致认为,集成创新的主体是企业,集成创新的目的是有效集成各种要素,更多地占有市场份额,创造更大的经济效益。

在现代社会化大生产过程中,产业关联度日益提高,技术的相互依存度增强,单项技术的突破再不能独柱擎天,必须要通过整合相关配套技术、建立相应的管理模式才能最终形成生产力和竞争力。在这种背景下,从某种程度上讲,集成创新更具有持续的优势,在现代科技发展中,相关技术的集成创新以及由此形成的竞争优势,往往远远超过单项技术突破的意义。在施乐公司发明复印机之前，几乎所有相关的技术都是已知的，却从来没人想到要把这些技术从不同领域挑拣出来，整合在一起。施乐公司的神来之笔，说到底不过四个字——集成创新。

集成物流是一项带有超前性、探索性和整合性的物流理论研究。现代物流发展的新特征是：反应快速化、功能集成化、服务系列化、作业规范化、目标合理化、手段现代化、组织网络化、经营全球化。未来的市场竞争将逐步从单体竞争转向整体竞争，随着科技的发展，各学科、各领域间的融合越来越普遍，集成创新将为我们拓展更宽、更新的发展前景。

(资料来源：http://blog.sina.com.cn/s/blog_597fcfaf0100awzf.html)

4. 虚拟经营模式

第三方物流企业虚拟经营模式主要是指第三方物流企业与生产企业的虚拟经营以及第三方物流企业之间的虚拟经营。其中，第三方物流企业与生产企业的虚拟经营是指第三方物流企业凭借自身的人才、技术等优势与大型制造企业进行合作，利用制造企业的现有硬件，如车队、仓库和人力资源等，由制造企业提供大部分营运资金，按照自身的资本额商定好股份比例，双方组建虚拟企业。第三方物流企业之间的虚拟经营是指各成员企业放弃自己不擅长的业务，把资源集中到自己的核心业务上来，虚拟企业通过整合成员的核心能力和资源，在一定区域形成较完善的多功能物流网络，满足客户需要，或是企业通过分享市场和顾客，实现共赢目标。

虚拟经营模式的优点：第一，通过虚拟经营，生产企业可以把注意力充分集中在信息流、科研开发和品牌建设上，这样的柔性组织结构跳出了大型企业"管理病"的困扰，以其高度弹性化的运作方式，做到了在最短时间内对市场的快速反应。第二，这种虚拟经营模式，通过借用外部资源与能力，实现了以有限资源完成无限功能的目的，大大延伸了各企业的竞争能力。第三，虚拟经营模式适应了新经济时代环境快速变化、未来具有不确定性的特点，以快速反应的速度来构建企业的核心竞争能力，如果某一天虚拟企业需要调整经营战略或者组织结构，可以随时让这个虚拟企业联盟解体，而不必担负资产投入的风险。

该模式的缺点：

(1) 对企业之间无缝沟通和管理合作要求更高。因为作为企业联盟中的各个企业本身，仍然是具有法人地位的独立实体，虚拟企业的内核和外界联盟单元的关系不是传统的母子企业关系，要在这样的组织结构中实现快捷的货物与信息流通，一方面需要信息技术的支撑，另一方面对渠道的管理和信息化建设势必支付更高的成本。

(2) 对灵活性的追求容易丧失忠诚乃至企业文化。虚拟企业的临时性特点，一方面能带来灵活性的优势，但同时势必伤害到员工对组织的忠诚，虚拟企业很难构建起统一持久的企业文化，企业所谓的团队也势必各自为政，单纯以各自的利益为中心，很少会顾及企业整体的发展与进步。

(3) 目标短期化影响战略未来的构建。目标的短期化势必影响企业未来战略的构建，各个独立的实体与核心企业之间的利益博弈将消耗企业的部分资源，同时，如何防止各个实体"竭泽而渔""杀鸡取卵"式的短期行为，如何有效组织和管理好整个企业的战略发展，将面临来自虚拟企业内部的挑战。

(4) 对联盟企业的选择风险增加。尽管当今信息技术发达，但市场信息仍然是不完善的，企业选择联盟企业仍然是有限理性行为，个人机会主义倾向会使加盟者隐瞒和扭曲市场信息，从而带来核心企业与联盟企业之间的信息不对称。

任务三　第三方物流企业的整合策略

一、第三方物流企业整合的必要性

现代物流业正在全球范围内加速集中,并通过国际兼并与联盟等整合手段,形成越来越多的物流巨无霸。当今世界正处于新一轮的产业升级和结构调整的大潮之中,不仅全球航运界的各大船公司跨国兼并、联盟、联营进行得如火如荼,国际物流业也在加速行动。

与国外的物流业巨头相比较,我国的第三方物流企业不论在资产实力,还是在经营规模和服务能力上,均有差距。我国第三方物流企业还面临很多问题:缺少资金不能提高硬件、软件设施水平;不能进行跨地区跨领域的投资,整合社会资源,建立广泛的基础设施网络;不能及时开发针对优质客户的增值服务,也不能使得客户物流的总成本最低,从而获得更大利润,等等。此外,由于我国第三方物流市场份额比例较小,获得的物流业务单一且数量不多,达不到规模效益,使得物流成本相对较高,企业利润率低,因此,资金积累缓慢,企业的发展速度减慢。

面对来自世界各地物流巨头的威胁,国内的第三方物流企业还没有足够的力量依靠自身的实力与他们抗衡。如何通过兼并、联盟等手段,尽快壮大自己的实力,是摆在中国物流业面前的一个紧迫而严峻的课题。

二、第三方物流企业的整合思路

对于中国第三方物流企业而言,整合的目标有两个,一是通过功能整合增强物流服务的一体化能力,二是通过横向整合实现规模扩张和物流的网络化、规模化。不论横向整合还是纵向整合,就整合方法来说,有以产权的转移为标志的购并型紧密整合,也有以业务和市场为纽带的虚拟性松散整合。

三、第三方物流企业纵向整合策略

第三方物流企业纵向整合策略如图 7.1 所示。

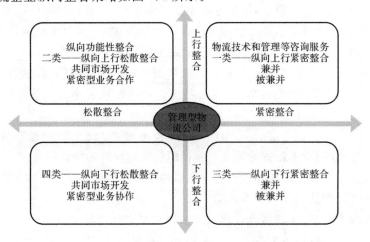

图 7.1　第三方物流企业纵向整合策略

1. 纵向上行紧密整合

所谓纵向上行紧密整合,是指第三方物流企业与以物流管理和技术咨询服务为核心的第四方物流企业之间通过购并的方式进行的整合。

(1)整合对象。纵向上行紧密整合涉及的对象有第三方物流企业、第四方物流企业和相关研究机构。它们既可以是兼并者,也可以作为被兼并的对象。

(2)整合方式。纵向上行紧密整合有两种整合方式:

1)第三方物流企业为整合主体,即兼并者;第四方物流企业为被整合的对象,即被兼并者。具体表现形式是第三方物流企业通过兼并第四方物流企业,将其业务层面上移,由操作层面的管理向物流管理和规划延伸,目的是增强增值服务能力,拓展服务领域和范围,更好地满足客户对供应链的全球一体化要求。

2)第三方物流企业为被整合对象,即被兼并者;第四方物流企业为整合主体,即兼并者。具体表现形式是以物流管理和技术咨询服务为核心的第四方物流企业,通过兼并第三方物流企业,将其业务层面下移,延伸至物流管理和实际运作的领域,目的是在物流实际运作领域掌握更多的控制权,从而可以独立地向客户提供真正一体化、多层面的物流服务。

现阶段,实施兼并存在以下障碍:

1)第三方物流企业往往实力不强,缺乏兼并上端(第四方物流企业)的资金和能力。

2)国内的上端物流企业还比较少,而且其工作的实用性还没有得到证明。

2. 纵向上行松散整合

纵向上行松散整合是指第三方物流企业与第四方物流企业以市场和业务为纽带的虚拟型整合。

(1)整合对象。纵向上行松散整合涉及的对象有第三方物流企业、第四方物流企业和相关研究机构。它们既可以是整合主体,也可以作为被整合的对象。

(2)整合方式。纵向上行松散整合有两种整合方式。

1)共同开发市场。所谓共同开发市场,是一种类似捆绑销售的概念。第四方物流企业和第三方物流企业共同开发市场,第四方物流企业可以向第三方物流企业提供一系列的服务,包括技术、供应链策略技巧、进入市场能力和项目管理专长等;而第三方物流企业可以向第四方物流企业提供物流管理和运作方案及具体物流运作服务。无论是第三方物流企业还是第四方物流企业,都可以根据客户的需求,把对方作为整体的一部分推出。例如,第三方物流企业在进行物流服务方案推广时,可以同时强调自己在构造物流体系、规划物流网络等方面的优势,以增加赢得客户的机会。而以咨询公司角色出现的上端物流企业,在推广自己服务的同时也可以展示自己延伸服务的能力,即不仅可以提供咨询方案,还可以同时提供管理和运作方案。共同市场开发可以采取多种形式,如:第四方物流企业派出项目小组在第三方物流企业内工作;双方签有商业合同;双方结成战略联盟;等等。

2)业务层面协作。在业务层面上,第四方物流企业与第三方物流企业有很强的相互依赖关系,第三方物流企业需要第四方物流企业提供的供应链管理和规划服务,而第四方物流企业需要第三方物流企业在物流管理和运作业务方面的支持。这种相互依赖的关系决定了进行协作的重要性。业务层面的协作可分为两类:

第一类是在双方开展业务时,可以利用对方的资源完善自身的服务。第三方物流企业可以通过第四方物流企业取得更加专业的管理和运作方案,而第四方物流企业在开展物流咨询及规划时,可以利用第三方物流企业成功的管理和运作经验。

第二类是双方的业务可以明确分离出属于对方业务范围的,由对方负责完成相应业务。如第三方物流企业获得的网络规划或物流设施规划业务,就需要由第四方物流企业完成,而第四方物流企业取得的管理和运作层面的业务,则由第三方物流企业完成。

相对于第一类整合,松散整合风险较小,但市场影响力也比较小,同时,在业务合作过程中,要注意处理双方的利益均衡问题。

3. 纵向下行紧密整合

纵向下行紧密整合是指第三方物流企业与功能型物流企业之间通过购并的方式进行的整合。

(1)整合对象。纵向下行紧密整合涉及的对象有功能型物流企业,包括运输企业、仓储企业、货代企业等。它们既可以是兼并者,也可以作为被兼并的对象。

(2)整合方式。纵向下行紧密整合有以下两种整合方式。

1)第三方物流企业为整合主体,即兼并者;功能型物流企业及客户企业的物流部门为被整合的对象,即被兼并对象。具体表现形式是第三方物流企业通过兼并功能型物流企业及客户企业的物流部门,将其业务层面下移,提升其业务操作能力和市场形象,目的是增强实体经营的能力,在一定程度上减少对功能型物流企业业务上的依赖性。

2)第三方物流企业为被整合对象,即被兼并者;功能型物流企业为整合主体,即兼并者。具体表现形式是以提供功能型物流服务为核心的传统基础物流,通过兼并第三方物流企业,将其业务层面上移,延伸至物流管理领域,目的是提高其综合物流服务能力和市场营销能力。

纵向下行紧密整合是未来物流市场主流的整合形式之一。因为中国一些较大型的发展较好的第三方物流企业已掌握先进的物流理念和管理手段,并建立起了较好的市场营销队伍,拥有较多的客户资源。但受资本限制,这些企业本身运作资源迅速扩张能力有限,这样对服务质量的保障就造成了一定的影响。而传统的货运企业、仓储企业,尽管掌握大量的运作资源,但由于观念、技术和管理落后,营销能力不强,只能在低层市场上拼价格,经营非常困难。因此,二者的结合具有很强的互补性。

4. 纵向下行松散整合

纵向下行松散整合是指第三方物流企业与功能型物流企业即传统基础物流之间以市场和业务为纽带的虚拟型整合。

(1)整合对象。纵向下行松散整合涉及的对象有第三方物流企业、功能型物流企业及客户企业的物流部门,它们既可以是整合主体,也可以作为被整合的对象。

(2)整合方式。纵向下行松散整合有两种整合方式。

1)共同开发市场。功能型物流企业和第三方物流企业共同开发市场,功能型物流企业可以向第三方物流企业提供一系列以功能型物流服务为核心的传统基础物流服务;而第三方物流企业可以向功能型物流企业提供物流管理和运作方案及具体物流运作服务。

2)业务层面协作。在业务层面上,功能型物流企业与第三方物流企业有很强的相互依赖关系;第三方物流企业需要功能型物流企业提供的提升其业务操作能力服务,如第三方物流企业在客户工厂内的搬移、运输、打包等业务,可以借助于功能型物流企业来完成。而功能型物流企业需要第三方物流公司物流管理和运作业务方面的支持。这种相互依赖的关系决定了双方进行协作的重要性。

四、第三方物流企业横向整合策略

与纵向的功能型整合不同,横向整合是与自己同质的第三方物流企业进行整合。横向整合是外延式的发展战略,其关注的目标是规模的扩张和网络的拓展。横向整合主要有三种模式:横向并购紧密整合、横向联盟紧密整合、横向联盟松散整合,如图7.2所示。

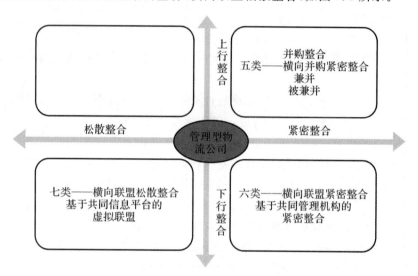

图7.2 第三方物流企业横向整合策略

1. 横向购并紧密整合

横向购并紧密整合是指第三方物流企业之间通过产权转移进行的购并型紧密整合。

(1)整合对象。横向购并紧密整合的对象是第三方物流企业。整合主体通常由实力雄厚的大型第三方物流企业充当。一方面,这类企业拥有雄厚的资本,这是进行购并的前提条件。另一方面,他们虽然拥有全国性的网络资源和许多运输及仓储资产,但却往往冗员比例很高,运作效率低,内部管理不完善,缺少以客户和绩效为导向的意识。因而大型第三方物流企业有必要借助自身广泛的网络和资产优势,通过横向购并紧密整合拓展服务功能,引进现代物流管理思想,提高效率。被整合对象通常是由实力不强的中小型第三方物流企业充当。这些企业往往经营不善、缺乏核心竞争力或准备转行经营,导致被兼并;或者企业虽经营良好,但缺乏持续投入资本的能力,因而希望通过被大型第三方物流企业兼并而在未来获得更好的发展。

(2)整合方式。横向购并紧密整合的方式包括兼并和合并。

兼并主要是由大型第三方物流企业来运作的。这些企业以其资金实力为后盾,根据自己的需要和目标,对竞争力不强的中小型物流企业实施兼并。

合并主要是针对实力相当的第三方物流企业。企业间一般是业务能力互补或服务区域互补,正是这种互补性促使企业达到资源共享、业务进一步拓展和创新。

2. 横向联盟紧密整合

横向联盟紧密整合是指第三方物流企业寻求网络拓展,基于共同管理机构的紧密联盟,来提高物流服务能力。

(1)整合对象。横向联盟紧密整合一般具备地域互补性,所以整合对象一般是整合后可以拓展自己的物流服务网络和服务能力的第三方物流企业。

(2)整合方式。横向联盟紧密整合的整合方式是一种基于共同管理机构的紧密联盟,通过共同投资建立联盟的共同管理机构——管理公司,由管理公司逐渐在联盟中实现五个统一(统一信息系统、统一操作流程、统一单证体系、统一服务标准、统一品牌形象),同时管理公司并负责开发全国性大客户,为联盟提供业务支持。

3.横向联盟松散整合

横向联盟松散整合是指第三方物流企业寻求网络拓展,基于公共信息平台的松散联盟。

(1)整合对象。一般为具备地域互补性,整合后可以拓展自己的物流服务网络的第三方物流企业。

(2)整合方式。横向联盟松散整合的整合方式是一种基于公共信息平台的松散联盟。近年来,随着电子商务和网络的兴起,先后有数家公司推出公共物流信息平台,希望通过该平台建立物流联盟。尽管该平台整合的对象不是专门针对第三方物流企业的,但其整合方法对第三方物流企业是完全适用的。由于中国物流市场还处于初级阶段,物流企业之间的服务标准、操作规范等还很难统一起来,单纯依靠信息平台建立联盟,还有其脆弱性。

任务四　第三方物流相关企业的风险及其规避

一、物流需求主体的动机与风险规避

以制造企业与第三方物流企业间的物流供需联盟构建为例,说明物流需求方的动机风险规避。

(一)物流需求主体的动机

当生产(销售)企业采用了第三方物流时,生产(销售)企业与第三方物流企业之间就建立起了联盟关系。促使生产(销售)企业采用第三方物流的原因在于:

(1)提高核心竞争能力。通过采用第三方物流,可使企业管理层集中精力于核心业务的管理,以便提高企业的核心竞争能力。

(2)提高服务质量。一般认为,第三方物流企业拥有较多的物流管理人才和专业化的设备,可以提供高质量的物流服务,从而从整体上提高企业的服务质量。

(3)降低物流成本和总成本。与单个企业自营物流相比,第三方物流企业具有规模上的优势,可在市场上获得质优价廉的物流成本,可以优化物流作业方案,降低企业物流成本,进而降低企业总成本。

(4)节省投资。采用第三方物流,需求企业可以大幅度减少或完全节省,在物流设施设备及物流作业队伍的工资、培训费用等软、硬件上的投资。

(5)快速进入新兴市场。与企业自建物流网络相比,采用第三方物流企业已建好的网络,不但可以节省大量投资,还可以赢得大量的时间,使企业缩短响应市场需求的准备时间,有利于企业把握发展机遇。

(6)保持弹性。若企业自己提供物流服务,企业必须拥有的专业物流设施和队伍,难以随物流业务量的大小和业务范围进行适时调整。而采用第三方物流,企业则可以只拥有最基本的物流设施和人员,其余所需设施和人员可以根据业务量、业务范围由第三方物流企业提供,企业自身可以保持高度的弹性。

(7)降低投资风险。采用第三方物流,需求企业可以节省在物流作业软、硬件上的投资并保持高度弹性,还可以加快响应市场的速度,从而降低风险投资。

(二)物流需求主体的风险

采用第三方物流,物流需求主体所面临的风险主要有以下几个方面。

1. 第三方物流企业的能力限制

(1)承担任务时,第三方物流企业对其能力估计过于乐观,例如乐观估计企业的筹资能力,对企业在市场获取运输、仓储等设施的成本估计过低,对企业管理能力估计过高等。而需求企业因信息所限,也没能准确评价物流企业的能力。在双方结成联盟后,物流企业的服务质量达不到规定标准。

(2)在合同期内,物流企业因资源受到较大损失,如企业内某些重要管理人员或技术骨干突然辞职等,导致其实力大损,结果在余下的期限内无力提供规定的服务。当然,这一点在用户企业自营物流时也存在,但企业自营物流时,对自己的物流更有控制和可见性,对企业内部情况也更了解,因此风险较小。在我国,这种风险还有另外一个来源,那就是物流企业实力普遍不强,现代物流运作经验缺乏,好的物流管理、技术人才也不多。

2. 第三方物流企业的败德行为

第三方物流企业的败德行为是指签订物流服务合同后,第三方物流企业为了自身利益而不惜损害用户企业利益的行为。如为了降低成本而不按规定的时间配送,在配送过程中故意要挟,为了满足能带来更多收益的用户而降低对其他用户的服务质量等。

3. 企业信息外泄与失误

采用第三方物流后,企业的很多信息,势必会让第三方物流企业知晓,同时,企业的很多信息也由第三方物流企业来提供,且这些信息范围极广,如企业的用户情况、市场范围、销售量、年产量、产品价格、资料来源等。企业信息传递范围的扩大,无疑使信息更容易外泄。采用第三方物流后,企业的相关信息将大幅增加,同时流通渠道也可能会延长,这有可能导致更多的信息传递失误。

4. 企业内部的反对

面临这种风险的企业主要是那些原来自营物流的企业。采用第三方物流后,本企业原来的物流作业、管理人员和物流设施设备必定会出现富余,若相关人员安置不当,采用第三方物流的决策和作业容易遭到阻挠和反对。

5. 协调的困难

物流承包合同不可能将一切都清楚、明了地写出来,在物流运作中可能有大量的问题需要双方协商解决,但第三方物流企业毕竟是另一个企业,其价值取向、企业文化可能与本企业有冲突,这时协调起来可能会有困难,特别是遇到可能引起双方较大的利益冲突的问题时更是如此。

(三)物流需求主体风险规避措施

物流需求主体构建供需联盟时可采取以下措施规避风险:

(1)分析企业物流活动,确定外购物流服务的具体内容与要求。

(2)科学、认真地选择第三方物流供需联盟伙伴。

(3)建立现代管理信息系统。
(4)建立预警和意外事故处理程序。
(5)在第三方物流供需联盟伙伴签订的合约中,注意建立科学的激励机制。
(6)在合约中尽量将第三方物流供需联盟伙伴的服务内容、质量详细陈述。
(7)建立科学评估第三方物流供需联盟伙伴服务质量的评价体系。
(8)建立双方对有争议事件的有效协调和仲裁机制。

二、物流供给主体的动机与风险规避

物流中的供给主体,承担着按时按量提供保证质量的原材料及半成品的责任。在企业中,越来越多的供给方选择第三方物流服务。与需求主体联盟,有其自身的动机,同时也存在一定的风险。

(一)物流供给主体的动机

1.获得稳定的用户

由于与需求主体结成联盟,第三方物流企业在合同期内就拥有了稳定的客户,不用时常为寻找用户发愁。

2.更好地满足市场需求和降低风险

出于集中自身核心能力的考虑,工商企业产生了外购物流服务的想法,但同时也提出了提高服务质量和降低成本的要求,第三方物流企业要想满足这些要求,就必须整合各项物流功能。另外,出于双方沟通和提高效率的考虑,第三方物流企业还常常需要进行专项投资,这时第三方物流企业一方面希望推出集成化物流服务,另一方面又希望与需求主体结成较为固定的关系以降低投资风险。

3.获得较好的经济效益

将物流各项功能集成后,在降低用户企业的成本基础上第三方物流企业也能获得较好的经济效益。

(二)第三方物流企业的风险

与用户企业结成战略联盟后,第三方物流企业面临的风险主要有以下几个方面。

第三方物流企业的风险

1.专用资产投资的风险

第三方物流企业需要根据用户需求为其提供个性化服务,这要求企业要经常根据用户情况,投资建设某些专用物流设施或购买某些专用物流设备。由于在合同期内,用户企业可能在激烈的市场竞争中失败,导致产品产销量大幅下滑,甚至破产倒闭,此时那些针对该用户投资的专用资产就可能大幅贬值。

2.企业运作成本上升

一方面,第三方物流企业降低物流运作成本的一个重要原因,是配载多个用户的产品,这可能因其中某个或某几个用户的原材料来源、产品种类、销售区域、各区域的销售量、包装、产量的变动而影响到企业的配载作业,使得企业运作成本上升。另一方面,用户企业的销售是不均衡的,因此,物流企业要么储备一部分服务能力,以满足用户企业产销高峰期的需要;要么在用户企业产销高峰期,自己再大量外购物流服务,这就可能造成企业运作成本的上升。再者,为达到响应用户企业服务的及时性,也可能需要物流企业外购服务,导致运作成本上升。

3. 企业缺乏物流运作经验

物流服务不是运输、仓储、包装与装卸、配送、流通加工等的简单组合,而是与包括现代信息管理、营销策划在内的多功能的总和集成。我国的第三方物流企业,多数由运输或储运企业转变而来,它们虽然在运输或仓储等物流单项功能方面拥有丰富的经验,并拥有众多熟悉这些职能的人员,但由于从事第三方物流服务时间较短,缺乏物流运作与管理经验。

4. 企业缺乏高素质物流管理、技术人才

目前一些第三方物流企业的一般员工素质、知识水平不高,要求在他们中间产生一批具有深刻理解并能灵活运用物流管理、运营知识的高级管理人员难度颇大,而由于效益、工作环境等方面的原因,从高等院校有关研究所或政府部门等外部组织引进人才,也有一定难度。

5. 缺乏理论指导

自20世纪60年代物流概念传入我国以来,我国的物流研究已取得了很大进步,但直到目前,我国的物流理论还存在很多方面的不足。不论与国外先进水平相比,还是从我国经济发展的客观要求出发,理论研究的水平都显得相对落后。一方面,由于历史和管理体制等方面的原因,不同部门对物流概念理解的不同,导致了理论研究的本位主义和发展物流产业指导思想上的不和谐,严重影响了我国物流产业的发展;另一方面,对我国物流实践中急需指导的很多方面,理论研究却还是空白或研究的操作性不强。

(三)第三方物流企业风险规避措施

第三方物流企业可采取的风险规避措施主要有以下几种:

(1)与用户企业商量分担专用资产投资风险。

(2)注重引进人才和内部员工的培训。

(3)注重培养企业内的物流业务学习气氛。

(4)建立现代化物流综合信息系统。

(5)建立预警和意外事故处理系统。

三、合作经营的风险与规避

(一)合作经营的风险

所谓合作经营的风险,是指由合作体系统内外部环境的不确定性、复杂性,而导致合作体的成员企业发生损失的可能性,如失去竞争优势、被兼并或合作失败等。

(1)第三方物流企业合作经营,虽然不十分强调"强强"联合,但强调加盟的第三方物流企业必须具备自身的核心优势,以实现与其他组织成员达到优势互补的目的。当某个第三方物流企业加入合作体后,为了实现共同的目的,在合作过程中有可能无意中将自身的核心技术或市场知识,转移给其他成员。而这些核心技术或市场知识,正是该企业在合作经营前的竞争优势。加入合作体后,由于自身核心技术或市场知识外泄,其竞争优势也将会弱化甚至消失。但这些优势,又正是合作体形成的必要前提和能与其他成员平等互利的保证。因此,在某个企业的竞争优势完全丧失后,要么该企业退出合作体,合作可能解体;要么该企业继续留在合作体中,但只能受别人摆弄,失去发言权。可以肯定,在合作联盟解体后,已丧失核心竞争优势的企业,在与以前的合作体成员展开新一轮激烈竞争时必然处于十分不利的位置。

(2)合作经营的首要条件是,加盟的第三方物流企业必须具有自身核心竞争优势和成员彼此之间必须能达成优势互补,否则不能加入合作经营体。某些物流企业在没有认真审视自身是否具有核心优势,是否具备合作经营条件情况下盲目地加入合作经营组织。很显然,如果这些物流企业自身确实并不具备核心竞争优势而勉强加入,那么在合作经营过程中很有可能被其他企业兼并,甚至某些企业即使在合作前的确具备某项核心优势,但加入合作体后由于核心技术或市场信息外泄,最终成为其他物流企业兼并或收购的对象。

(3)合作经营伙伴的文化差异、合作目的差异等都有可能使合作经营失败,使合作体内的第三方物流企业蒙受损失。

(二)规避风险的对策

(1)在保持合作体成员互惠互利的前提下,尽量保持自己的核心竞争力和市场范围。在纵向合作经营的同时,不能忽视加强自身的横向合作经营;在横向合作经营的同时,还要加强纵向合作经营。这样任何一方的合作失败的损失,能够在另一合作方式的条件下短时间弥补回来。因此,网络化合作经营是第三方物流企业规避合作风险的良策。

(2)做好合作经营中的沟通协调工作。合作经营失败的原因很多,概括起来有:缺乏全心投入的精神,彼此并未尽心尽力维持长期合作关系;文化差异使联盟终止;中期管理不当,沟通工作未做好,导致合作体内部协调性差。为了保持长期合作关系,合作体成员之间应相互信任、相互尊重,遇到问题时要坦诚相待,彼此谅解,尽量减少彼此误解,增强合作经营的一致性,营造良好的合作氛围。

(3)在合作经营中保持自己的相对独立性。合作方在合作经营中,必须保存实力以确保与其他物流企业平起平坐,避免被兼并或收购的风险。

合作经营中的竞争是永远存在的,处理好合作和竞争的关系,对于企业自身和合作体的发展以及规避风险都十分重要。

【项目小结】

企业战略是企业为实现长期目标,适应经营环境变化而制定的一种具有指导性的经营规划。本项目在对第三方物流企业面临的市场环境进行分析的基础上,就第三方物流企业的发展思路、第三方物流企业的经营策略、第三方物流企业的整合策略、第三方物流企业风险与规避等问题展开讨论。

【同步测试】

一、选择题

1.第三方物流企业发展战略的第三个层次是功能性战略,主要包括物料管理、仓库管理和(　　)3个方面。

A.运输管理　　　　B.材料管理　　　　C.库存管理　　　　D.成本管理

2."一流三网"指的是(　　),全球供应链资源网络、全球用户资源网络、计算机信息网络。

A.物流　　　　　　B.信息流　　　　　C.订单信息流　　　D.资金流

3.宅急便公司属于(　　)。

A. 机能整合度高、物流服务范围广的企业
B. 机能整合度高、物流服务范围较窄的企业
C. 物流服务范围广、机能整合度低的企业
D. 机能整合度低、物流服务范围较窄的企业

4. 第三方物流企业主要的运作模式有传统外包模式、（　　）、综合模式、虚拟经营模式。
   A. 整合化模式　　　B. 联盟模式　　　C. 差异化模式　　　D. 战略化模式

5. 第三方物流企业与第四方物流企业以市场和业务为纽带的虚拟整合，属于（　　）。
   A. 纵向上行紧密整合　　　　　　B. 纵向上行松散整合
   C. 纵向下行紧密整合　　　　　　D. 纵向下行松散整合

二、简答题

1. 第三方物流企业发展战略框架有哪些？
2. 第三方物流的运作模式有哪些，分别有哪些优缺点？
3. 第三方物流有哪些整合思路？
4. 物流供需双方的动机和风险有哪些？

三、技能训练

根据本项目所学知识，基于SWOT分析方法，对我国第三方冷链物流企业运营发展战略展开分析，通过SWOT分析我国目前冷链物流的现状及症结，给出第三方物流企业发展冷链运营的策略。

现代物流管理专业系列教材

物流营销

仓储作业管理

国际物流

配送作业管理

第三方物流

物流成本管理

西北工业大学
官方微信

西北工业大学出版社
天猫旗舰店

ISBN 978-7-5612-8073-7

定价：52.00元